Deutsche Kultur

Eine Einführung

herausgegeben von

Heinz Fischer

ERICH SCHMIDT VERLAG

ISBN 3 503 00752 0

Library of Congress Catalog Card Number 72-95 598
© Erich Schmidt Verlag, Berlin 1973
Druck: Berliner Buchdruckerei Union GmbH., Berlin 61
Printed in Germany · Nachdruck verboten

Vorwort

Der vorliegende Versuch einer Einführung in die Kulturgeschichte deutschsprachiger Länder wendet sich insbesondere an jenen Leserkreis, von dem vor allem Anregungen zu diesem Buch ausgegangen sind: Schüler, Studenten und Dozenten solcher Institutionen, an denen Deutsch als Fremdsprache unterrichtet wird. Hier reicht die Skala von Gymnasien, Sprachenschulen und Studienkollegs bis zu Universitäten, an deren Germanistischen Abteilungen im Ausland — oder ‚Deutschkursen für Ausländer' im deutschsprachigen Inland — eine breit angelegte, aber kompakte Einführung in die deutsche Kulturgeschichte benötigt wird.

Zugleich sind hier aber auch Institute in deutschsprachigen Ländern zu nennen, die — wie Schauspiel-Studios (für die besonders der Abschnitt *Theater* gedacht ist) oder Volkshochschulen — zur Weiterbildung ihrer Studierenden einer solchen Einführung bedürfen.

Ferner soll das vorliegende Buch allen dienen, die sich mit deutscher Sprache und Kultur beschäftigen. Es ist die Absicht der an diesem Bande beteiligten Autoren, grundlegende Fragen, die beim Studium auftauchen, mit diesem Studienbegleiter zu beantworten und zugleich im Rahmen dieser Einführung ein Bild der größeren Zusammenhänge zu vermitteln.

Dem Abschnitt *Literatur* ist eine knappe Auswahl literarischer Texte beigegeben. Diese Auswahl ist allerdings begrenzt und kann nur subjektiv sein; jeder Lehrer wird weitere Hinweise geben wollen.

Die Beiträge *Folklore*, *Trachten*, *Humor* und *Volkslied* verweisen auf Lebensformen, Überlieferung und Phantasie des Volkes, in dessen Brauchtum Grundlagen kultureller Entwicklung gegeben sind.

Gelegentliche Überschneidungen möge der Leser entschuldigen; einige dieser Überschneidungen dürften Brennpunkte der kulturellen Entwicklung bezeichnen.

Mein Dank gilt vor allem dem *Canada Council*, dessen Forschungsstipendien die Entstehung dieses Buches gefördert haben. Herrn Jürgen Eggert, Akademischem Oberrat der Ludwig-Maximilians-Universität München, Herrn Hans-Jochen Arndt, stellvertretendem Leiter der „Deutschkurse für Ausländer bei der Universität München" und Herrn Kollegen Manfred Richter, University of Waterloo, danke ich für wertvolle Hinweise.

Die Abschnitte *Landschaft* und *Erziehung* sind zuerst in Harry Stein-
hauers *Kulturgeschichte für Anfänger* im Verlag Macmillan, New York,
erschienen. Herr Kollege Steinhauer, University of California (Santa Bar-
bara) und der Verlag Macmillan haben freundlicherweise den Abdruck
dieser Beiträge gestattet. Beide Texte wurden für diese Einführung durch-
gesehen und zum Teil neugefaßt. Für die kritische Durchsicht des Bei-
trags *Erziehung* bin ich Frau Studienrätin Gertrud Tschöp und Herrn
Dr. Rudolf Eppelsheimer, Akademischem Oberrat der Ludwig-Maximilians-Universität München, aufrichtig dankbar.

Aus sprachpädagogischen Gründen hat der Verlag von der Aufnahme
eines Kapitels über deutsche Philosophie Abstand genommen.

Verlag, Verfasser und Herausgeber sind für Kritik und Anregungen,
die einer künftigen Neuauflage dienen können, dankbar.

Schließlich möchte ich Frau Dr. Ellinor Kahleyss vom Erich Schmidt
Verlag für ihre sachkundige Betreuung dieses Bandes herzlich danken.

Im Frühjahr 1973

H. F.

Inhalt

Zu den Abbildungen:

Die Illustrationen wurden — wenn nicht anders angegeben — von *Renate Dolz* gezeichnet. Die Graphik *Wie entsteht ein Gesetz* ist der „Staatsbürger-kundlichen Arbeitsmappe" (s. Literaturverzeichnis) entnommen.

Heinz Fischer

Geschichte

I. Das Deutsche Reich im Mittelalter

Die Geschichte der deutschen *Stämme* verliert sich in der Vorzeit. Wann aber beginnt die deutsche Geschichte? Sie beginnt mit der Vereinigung der Stämme der *Franken, Sachsen, Schwaben, Friesen, Thüringer, Bayern* und *Langobarden*. Der Franke Karl der Große gewann die Herrschaft über diese Stämme und gliederte sie in sein mitteleuropäisches Reich ein. Karl wurde im Jahre 800 in Rom zum Kaiser gekrönt. Sein Reich lebte aus der Erinnerung an das Weströmische Imperium und setzte an die Stelle römischer Cäsaren christliche Kaiser.

Die mittelalterliche Christenheit fühlte sich als Einheit. Diese Einheit wurde bezeichnet durch ein weltliches Haupt: den Kaiser, und ein geistliches Haupt: den Papst. In der Doppelherrschaft von Kaiser und Papst verkörperte sich die christliche Kultureinheit des Mittelalters, das *Abendland*. Karl zog an seinen Hof in Aachen Gelehrte aus allen Teilen des Abendlands. Mit Nachdruck förderte er Wissenschaften und Künste. Die Klöster — besonders Fulda, Reichenau und St. Gallen — machten das klassische Bildungserbe in Deutschland heimisch.

Unter Karls Enkeln wurde das Frankreich dreigeteilt; aus Austrien und ,Lothringen' entstand schließlich Deutschland, aus Neustrien Frankreich. Die Jahre 843, 880 und 911 sind Marksteine dieser Entwicklung.

Nach germanischem Stammesrecht wurde der deutsche König von den Herzögen der Stämme gewählt. Seine Macht war jünger als die der Herzöge — und schwächer. Daraus entsprang eine natürliche Rivalität zwischen den Stämmen und dem König. Die deutsche Geschichte steht von Anfang an im Zeichen des Partikularismus. Ungern ordneten sich die Stämme in das Reich ein. Der Einzelne wie der Stamm bewahrte mit Nachdruck seine Eigenart vor dem Zugriff des Staates.

Der erste sächsische König Heinrich hielt mit Geschick die widerstrebenden Stämme zusammen. Er bereitete seinem Sohn, Otto dem Großen, den Weg, der das „Heilige Römische Reich deutscher Nation" begründete; das erneuerte Römische Imperium war ohne Rom nicht denkbar.

Otto bildete die Reichskirche zu einer Stütze der Reichsverwaltung aus. Er übertrug staatliche Aufgaben an Bischöfe und Äbte, denn die Kirche war an der Einheit des Staates interessiert, sie dachte national. Die Herzöge wünschten einen schwachen König. Durch das Einsetzungsrecht (Investur) der fürstlichen Bischöfe gewann der König einen Einfluß auf die Stämme, der den Staat festigte. Otto konnte Bischöfe und Äbte nach Begabung und Charakter wählen, ohne befürchten zu müssen, daß sie eine Dynastie bildeten, da sie keine Erben hatten. Durch dieses „Ottonische System" wurde die Zentralisation verstärkt und die Stammesgewalt geschwächt. Otto bereicherte die Kirche und bediente sich zentralistisch ihrer Macht. Die Bischöfe stellten oft mehr Ritter als die Herzöge. Ein Erfolg des jungen Staates war der Sieg über die Ungarn auf dem Lechfeld bei Augsburg (955).

Die Idee des Kaisertums bedeutete, daß das weströmische Imperium im deutsch-italienischen Reich aufgegangen war. Otto III. (988—1002) führte diese „Renovatio" konsequent fort, indem er Rom zur Hauptstadt seines abendländischen Kaisertums machte. Er starb vor der Erfüllung seiner weitreichenden und kühnen Pläne im Alter von 21 Jahren.

Um 1050 war das deutsche Reich eine abendländische Weltmacht. Auch Oberitalien und Burgund gehörten ihm an. Beide Staaten waren Schöpfungen germanischer Stämme. Der Papst wurde vom deutschen Kaiser bestimmt.

Da legte die Reform von Cluny die Axt an den Grundpfeiler des Reichs: das Staatskirchentum, auf dem die Verwaltung beruhte. Im Jahre 1059 stellte sich der Papst unter den Schutz der Normannen in Unteritalien. Damit wurde er unabhängig vom Kaiser. Im gleichen Jahr beschloß eine Synode, daß ein Laie kein Kirchenamt vergeben dürfe. Cluny wollte die Freiheit der Kirche über den Staat. Papst Gregor VII. wollte die Herrschaft der Kirche über den Staat. Deshalb untersagte er dem Kaiser, Bischöfe einzusetzen. Das bedeutete den Zusammenbruch der Reichsverwaltung, weil der Kaiser sich auf die weltlichen Fürsten nicht verlassen konnte. Heinrich IV. setzte den Papst ab, wurde aber vom Papst gebannt. Gregor VII. war entschlossen, seine Ansprüche gegen den Kaiser durchzusetzen. In Canossa mußte sich der Kaiser dem Papst unterwerfen (1066). Später mußte Papst Gregor in die Verbannung flüchten. Der Investiturstreit endete mit Verlusten für Kaiser und Papsttum. Die organische Einheit des Mittelalters war zerbrochen.

Unter dem Staufer Friedrich I. erhob sich Deutschland zu neuer Größe. „Barbarossa" ertrank auf einem der drei Kreuzzüge, in denen deutsche

Ritter ihre Lebensideale im Kampf für das christliche Abendland sahen. Unter Barbarossas Sohn Heinrich VI. erhielt das Reich seine größte Ausdehnung. Neben Oberitalien gehörten ihm jetzt durch Erbschaft auch das normannische Unteritalien und Sizilien an. Armenien, Cypern, England standen unter seiner Oberherrschaft. Ihren Glanz erhält die Stauferzeit durch die Blüte der höfischen ritterlichen Kultur (um 1200: Walter von der Vogelweide; *Parzival; Tristan und Isolde; Nibelungenlied*).

Kaiser Friedrich II. (1209—1250) schenkte den geistlichen und weltlichen Herren bedeutende königliche Rechte und stärkte dadurch die fürstliche Souveränität (*Statutum in favorem principum*, 1232). Dieser hochgebildete Herrscher regierte von Sizilien aus. Er erlag dem feindlichen Papsttum, das in der Umklammerung durch Deutschland und die Lombardei im Norden und Sizilien im Süden — beide in der Hand der Staufer — eine tödliche Gefahr erblickte. Das Geschlecht der Hohenstaufer endete mit Konradin. Er wurde von Karl von Anjou im Bündnis mit der Kurie hingerichtet, als er das Erbe Friedrichs II. in Unteritalien und Sizilien antreten wollte (1268).

Die Sieger im Kampf zwischen Kaiser und Papst waren die Fürsten. Nach einem längeren Interregnum wurde Rudolf von Habsburg zum König gewählt. Der königliche Einfluß hing jetzt davon ab, wie groß die königliche Hausmacht, d. h. der Landbesitz, war. Das Streben nach der Hausmacht kennzeichnete das 14. und 15. Jahrhundert.

Nachdem Staat und Kirche in Gegensätze auseinandergebrochen waren, entwickelten sich Nationalstaaten und reformistische Kirchen. Das abendländische Kaisertum erlosch. Es lebte nur nationalstaatlich fort. Die Krone war nicht erblich. Königswähler waren sieben Kurfürsten. Die *Goldene Bulle* (1356) bestimmte sie zu den ersten Stützen des Reiches. Sie waren aber partikularistisch gesinnt und an einem schwachen Herrscher (ohne Hausmacht) interessiert, der ihre eigene Landeshoheit nicht beeinträchtigte. Kleine Staaten — die sich durch Erbfolge immer mehr spalteten —, kirchliche Besitztümer und freie Reichsstädte bestanden schließlich im hohen Mittelalter in buntem Haufen nebeneinander, nicht miteinander.

Nur die *Hanse* bildete im Norden einen Bund von Städten, die gemeinsam Handel trieben. Die Hanse beherrschte seit ihrem Sieg über die dänische Flotte die ganze Ostsee. Durch die Besiedlung der Küstenländer war die Ostsee ein „deutsches Meer" geworden. Die Kolonisation des Ostens hatte schon im 10. Jahrhundert begonnen. Vier Jahrhunderte später war das Land von der Elbe bis Estland fruchtbar gemacht. Aus ganz Deutschland kamen Siedler. Bis nach Böhmen, Polen und Ungarn verbreiteten sie ihre Kultur. Sie gründeten über 600 Städte. Mit der Besiedlung des Ostens hat das deutsche Volk eine — auch für seine eigene politische Entwicklung und seine Sprache — bedeutsame Leistung vollbracht. Eine große Rolle spielte dabei der *Deutsche Orden*. Er war eine Gemeinschaft adliger, ritterlicher Mönche, bei der sich religiöses und militärisches Autoritätsdenken gegenseitig stärkten. Aus ihm hat sich der „preußische" Geist entwickelt. Im Deutschen Orden verband sich mönchische Zucht mit kämpferischem Rittertum. Die christlichen, deutschen Mönchsritter und ihre Verwaltungsbeamten standen dem slawischen, heidnischen Volk gegenüber. Der Orden stützte seinen Staat auf strikte Achtung der Autorität, die auf dem Bewußtsein metaphysischer Rechtfertigung fußte *(Gott mit uns!)*. Der Deutsche Orden trug einen weißen Mantel und ein schwarzes Kreuz — daher die preußischen Landesfarben schwarz-weiß, und noch heute das Schwarz in der deutschen Flagge.

Umfassender Handel und Gewerbefleiß brachten die Blütezeit der Reichsstädte. Die Patrizier und die Handwerker bauten in ihren Zünften die demokratische Verwaltung ihres freien Staatswesens aus. Die Ritter verloren ihre politische und kulturelle Bedeutung. Der Bürger übernahm die kulturelle Führung.

Die romanischen Dome (Mainz, Speyer, Bamberg) hatten fürstliche Bauherren. Die gotischen Kathedralen (Köln, Straßburg, Ulm) waren Ausdruck bürgerlicher Frömmigkeit und städtischen Fleißes. Köln errichtete einen Dom, der groß genug war, die gesamte Bürgerschaft zu fassen. Die prächtigen Kirchen und Rathäuser waren geschmückt mit Gemälden von Eyck, Memling, Dürer, Grünewald, Holbein und Cranach und den Schnitzwerken von Tilman Riemenschneider und Veit Stoß. Die erste Universität im Reich wurde 1348 in Prag begründet. Andere Städte folgten (Heidelberger Universität 1386). Auch der Humanismus fand seine Pflege in den Städten.

Der Mensch in der Renaissance wandte den Blick vom Himmel auf die Erde, deren Größe, Reichtum und Schönheit er jetzt entdeckte. Der Einzelne wurde sich seiner Individualität bewußt und löste sich aus dem Gemeinschaftsleben des Mittelalters. Das mittelalterliche Weltbild stürzte ein, als Kopernikus entdeckte, daß die Erde sich um die Sonne dreht. Martin Luther stellte die Religion auf das Verhältnis von Ich und Gott.

II. Von der Reformation bis zur Französischen Revolution

Durch die Heiratspolitik der Habsburger kam neben Burgund und Böhmen auch Ungarn zu Österreich und damit zum Reich. Ein Enkel des Kaisers Maximilian, Karl V. (1519—1556), wurde Herr des spanischen Weltreiches. Er wurde auch zum deutschen Kaiser gewählt. In seinem Reich „ging die Sonne nicht unter".

Aus dem wachsenden Wohlstand Deutschlands (Fugger, Welser) wollte Rom durch den Verkauf von Ablässen Nutzen ziehen. Dagegen protestierte 1517 der Mönch Dr. Martin Luther mit seinen 95 Thesen. Karl V. bekämpfte als Herr der spanischen katholischen Weltmacht Luther und seine Lehre.

Die deutschen Fürsten auf Luthers Seite schlossen sich im Schmalkaldischen Bund zusammen. Nach wechselvollen Kämpfen wurde zwischen ihnen und Karl V. der Augsburger Religionsfriede (1555) geschlossen. Jeder Landesherr sollte die Konfession seiner Untertanen bestimmen: *Cuius regio, eius religio.* Die protestantischen Fürsten wurden Herren der Landeskirchen und erhielten ihren Besitz. Der Protestantismus stärkte daher die Dezentralisation.

Die Bauern, verachtet, ausgebeutet und geplagt, hatten sich schon wiederholt gegen ihre Unterdrücker erhoben. Jetzt beriefen sie sich auf das Wort der Heiligen Schrift — Luther hatte sie ins Deutsche übersetzt — und auf Luthers Reformation. Die Bauern standen auf und bekämpften ihre Unterdrücker: die formten den *Bundschuh.* Nach einigen Erfolgen wurden sie zusammengeschlagen und die Herren nahmen Rache mit entsetzlicher Grausamkeit. Die Erinnerung daran hat den Deutschen auf lange Zeit den Mut genommen, sich gegenüber der Obrigkeit zu behaupten.

Die katholische Gegenreformation brachte den Dreißigjährigen Krieg (1618—1648). Ein böhmischer Aufstand gegen den Zwang der Gegenreformation führte zum Krieg der „Union" der protestantischen Herren gegen die „Liga" der katholischen Fürsten. Der Habsburger Kaiser Ferdinand siegte mit Hilfe seines Feldherrn Wallenstein über die Protestanten, mit denen Schweden und Frankreich verbündet waren. Einige protestantische Fürsten schlossen Frieden mit dem Kaiser. Der Krieg schien zu enden. Da wandte sich Frankreich auch gegen Spanien und kämpfte in Deutschland gegen Habsburg. Der Westfälische Friede von 1648 sicherte schließlich die Rechte der evangelischen Konfession in Deutschland. Die Fürsten erhielten das Bündnisrecht mit anderen Staaten. Frankreich bekam Teile des Elsaß. Die Schweiz und die Niederlande wurden selbständig.

Deutschland war verwüstet und entvölkert wie nie zuvor. Das politische Ergebnis des Dreißigjährigen Krieges war die dauernde konfessionelle Spaltung Deutschlands und die gefestigte Souveränität der Fürsten. Der Sieger war Frankreich. Es hatte sich auf die Seite der Reformation gegen Österreich gestellt, um ein Übergewicht Habsburgs in Europa zu verhindern. Die bürgerliche und bäuerliche Mittelschicht wurde durch die furchtbaren Zerstörungen des Dreißigjährigen Krieges in ihrer Entwicklung gehemmt. Nicht der Bürger, sondern der Fürst organisierte den Wiederaufbau nach dem Ende des Krieges. Es entstand zusammen mit der fürstlichen Souveränität ein *Obrigkeitsstaat,* in dem Bürger und Bauer nur Untertanen ohne Teilnahme an der Verantwortung waren. Der Beamte hatte als Diener des Fürsten ein Amt — aber keine Meinung. Die protestantische Kirche wurde als Instrument der Fürsten ausgebildet. Die Pastoren waren geistliche Staatsbeamte.

In der Entwicklung nach 1648 gab Preußen ein führendes Beispiel. Preußen und Brandenburg waren (1618) vereinigt worden. Der Kurfürst von Brandenburg wurde das Haupt des deutschen Protestantismus. Der Große Kurfürst (1640—1688) legte die Grundlagen zu einer Vergrößerung Brandenburg-Preußens, das sich langsam in dem zerrissenen Deutschland zu einer einigenden Klammer im Norden ausweitete. Wie die Farben schwarz-weiß und das Motto *Gott mit uns* deutet auch der Name *Preußen,* der sich durchsetzte, darauf hin, daß dieser Staat seine Wurzeln im oligarchischen preußischen Staat des *Deutschen Ordens* hatte.

Nach 1648 strebte Frankreich durch Annexionen im Elsaß zum Rhein. Frankreich wollte eine Sicherung für den Fall eines Krieges gegen Habsburg. Man erwartete den Tod des kinderlosen spanischen Habsburgers, und Ludwig XIV. machte sich Hoffnungen auf das spanische Erbe.

Frankreich war mit Schweden, Polen und der Türkei verbündet. Mit dieser Sicherung im Osten wurde der Krieg in die Kurpfalz und das Fürstentum Baden-Durlach getragen. Städte und Dörfer wurden verbrannt, auch das Heidelberger Schloß, während die Türken Wien belagerten. Die Gefahr im Osten wurde abgewehrt (Prinz Eugen). Aber im Westen ging Straßburg verloren. Um 1700 trat der spanische Erbfall ein. Im Kampf gegen Frankreich verlor Habsburg Spanien, gewann aber die südlichen Niederlande, Neapel und Mailand. Nach 1700 traten an die Stelle der Polen und Türken die Russen als gefährliche Gegner im Osten.

Im Westen war Frankreich immer noch mächtig und feindlich. Wie immer war Deutschland zwischen zwei Fronten eingekeilt.

Preußen wurde unter Friedrich II. (1740—1786) ein bestimmender Faktor in der deutschen Politik. Friedrichs Vater, der „Soldatenkönig", hatte eine schlagkräftige Armee aufgebaut. Als ein kleines Land trat Preußen im Kampf um das österreichische Schlesien in die Weltpolitik ein (Siebenjähriger Krieg, 1756—1763). Preußen siegte. Damit wurde in Deutschland ein schroffer Dualismus geschaffen. Österreich führte den katholischen Süden, Preußen den evangelischen Norden an. Im Verhältnis dieser beiden Mächte lag die Zukunft Deutschlands beschlossen. Mehr als Österreich wurde Preußen durch die drei polnischen Teilungen (1722 bis 1795) begünstigt und gestärkt.

Friedrich II. von Preußen, der „alte Fritz", verkörperte die Tugenden der Pflichterfüllung, Gerechtigkeit und Toleranz im Dienste seines Staates als aufgeklärter Absolutist. Er schuf in Berlin einen Mittelpunkt geistigen Lebens. Der realistische und unpathetische Berliner Esprit war ein zureichender Hintergrund seiner musischen Bemühungen.

Kaiser Joseph II. (1718—1780), der Sohn Maria Theresias, wurde mit seinen Reformen ein Schüler des preußischen Königs, des Feindes seiner Mutter. Er gewährte in Österreich Religionsfreiheit, hob die Folter auf und beseitigte die Leibeigenschaft der Bauern. — Besonders dem deutschen Süden entsprach die Baukunst des Barock und Rokoko (Wien, Salzburg, Würzburg, München).

Die französische Revolution von 1789 — ermutigt durch den amerikanischen Naturrechtsstaat — beseitigte die Herrschaft der absolutistischen Monarchie. Die Revolution behauptete sich im Kampf gegen England, Österreich und Preußen. Napoleon bestimmte eine Neuordnung des Reiches. Er schmolz die 350 deutschen souveränen Herrschaften in zwei Dutzend Staaten um. Baden, Bayern u. a. wurden dabei zu Pufferstaaten gegen Österreich; sie waren zu schwach, sich gegen Frankreich zu wenden. Im *Reichsdeputationshauptschluß* 1803 wurde der Kirchenbesitz aufgelöst (Säkularisation). Das linke Rheinufer fiel an Frankreich. Die Fürsten wurden aus Kirchengut entschädigt.

Preußen mußte sich für Frankreich oder Österreich entscheiden. Zögernd marschierte es gegen Napoleon und wurde völlig besiegt. Ein Bruder Napoleons erhielt Westfalen. Habsburg legte 1806 die deutsche Kaiserkrone nieder. Die meisten deutschen Fürsten schlossen sich im Rheinbund unter französischem Protektorat zusammen und mußten für Napoleon kämpfen.

In diesen Zeiten politischer Bedeutungslosigkeit entfaltete sich ein glanzvolles Geistesleben. Die deutsche Musik hatte sich von italienischen Vorbildern befreit (Bach, Händel, Haydn, Mozart, Beethoven). Die Philosophie blühte (Leibniz, Kant, Herder, Fichte, Schelling, Hegel, Schopenhauer). Mit der Weimarer Klassik erlebte die Dichtung einen neuen Gipfel; auf Lessing und Klopstock folgten Wieland, Hölderlin, Kleist und die Klassiker Goethe und Schiller. Beide bekannten sich zu einer weltbürgerlichen Gesinnung. In ihrem Werk zeigten sie vollendetes Menschentum und wiesen auf die Teilnahme der freien Persönlichkeit am staatlichen Leben hin. In der Romantik bildete sich die geschichtliche Besinnung auf die kulturelle, staatliche und rechtliche Eigenart des Volkes aus. Durch ihre Klassik und Romantik verdienten sich die Deutschen den Namen eines „Volkes der Dichter und Denker".

Unter der Fremdherrschaft Napoleons wuchs der Wille der Deutschen zur nationalen Einheit und Freiheit mit demokratischen Regierungsformen. Der Reichsfreiherr vom Stein (1757—1831) wollte Deutschland von einem absolutistischen zu einem Verfassungsstaat umgestalten. Er baute zunächst in Preußen die bürgerlichen Freiheiten und das Recht zur Mitverwaltung in den Gemeinden aus. Einer nationalen Erhebung — mit dem Ziel, die deutsche Einheit und demokratische Freiheit zu erringen — gelang es endlich, Napoleon zu besiegen („Völkerschlacht" bei Leipzig 1813 unter Beteiligung Englands und Rußlands). Die Befreiungskriege endeten mit dem *Wiener Kongreß*, auf dem sich 39 Staaten zu einem deutschen Bund zusammenschlossen. Die vergrößerten Mittelstaaten — Bayern, Baden usw. — wahrten auch in diesem Bund ihre Landeshoheit: Deutschland war in den Befreiungskriegen im Geist geeint, aber die politische Form blieb der Partikularismus. Preußen gewann durch seinen Kampf gegen Napoleon neues Ansehen und eine vergrößerte militärische Macht.

III. Von der Entwicklung des II. Reichs bis zur Gegenwart

Der Wille zur Freiheit und Einheit war in Deutschland durch die französische Revolution lebendig geworden, und die Fürsten nutzten diese Sehnsucht im Kampf gegen Napoleon aus. Nach dem Sieg lehnten aber die Fürsten trotz ihrer Versprechungen in den „Freiheitskriegen" gegen Napoleon die Forderungen des Volkes nach demokratischen Verfassungen ab. Das Volk fühlte sich betrogen. Die „Reaktion" (auf die französische Revolution), angeführt von dem österreichischen Kanzler Metternich, unterdrückte mit blutiger Härte alle Forderungen nach politischer Freiheit. Wer Zivilcourage zeigte, wurde verfolgt; entlassen, wie Jacob und Wilhelm Grimm; ins Exil getrieben, wie Georg Büchner; in den Tod, wie Friedrich Ludwig Weidig. Volk und Regierung standen sich wieder einmal fremd und feindlich gegenüber. Österreich, Preußen und Rußland schlossen die „Heilige Allianz" zur Wahrung des monarchischen Prinzips und des Gottesgnadentums und stützten sich auf den Bund von „Thron und Altar".

Die *Karlsbader Beschlüsse* verschärften die Verfolgung demokratischer Regungen. Die *Burschenschaften* wurden verboten, die Zensur eingeführt.

Endlich erzwang die Revolution von *1848* (besonders in Wien und Berlin) den Zusammentritt einer deutschen Nationalversammlung in der Paulskirche in Frankfurt am Main. Gute Deutsche berieten eine Reichsverfassung. Dem preußischen König wurde die Kaiserkrone angetragen: die „kleindeutsche Lösung" sah ein Erbkaisertum ohne Österreich vor. Österreich umfaßte nämlich neben Deutschen noch eine Anzahl verschiedener Völker, besonders Slawen und Ungarn. Der preußische König wollte jedoch keine Krone aus der Hand des Volkes. Außerdem befürchtete er einen Konflikt mit Österreich. Nachdem der preußische Monarch die Kaiserkrone abgelehnt hatte, löste er die Nationalversammlung mit Gewalt auf. Der liberale, demokratische Gedanke blieb unterdrückt. Erst Bismarck gelang die Schöpfung eines geeinten Reiches, allerdings ohne Mitwirkung des Volkes und unter preußischer Führung. Er verfolgte dieses Ziel mit einer Politik von „Blut und Eisen". Ein Krieg zwischen Österreich und Preußen — nach einem gemeinsamen Krieg gegen Dänemark, 1864 — zeigte 1866 die militärische Überlegenheit Preußens. In der „größten Schlacht des Jahrhunderts" wurde Österreich zwischen Königgrätz und Sadowa besiegt. Österreich mußte aus dem *Deutschen Bund* austreten. Preußens Hegemonie in Deutschland war dadurch gesichert. Der Norddeutsche Bund unter preußischer Kontrolle trat an die Stelle des Deutschen Bundes.

Frankreich widerstrebte einer deutschen Einigung. Der latente Konflikt kam zum Ausbruch, als einem Hohenzollern die spanische Krone angetragen wurde. Der Hohenzoller verzichtete auf Drängen Frankreichs. 1870 verlangte Frankreich für immer den Verzicht eines deutschen Prinzen auf Spanien. Als dieser Verzicht nicht für alle Zeiten ausgesprochen wurde, erklärte Napoleon III. den Krieg. Im siegreichen Kampf gegen Frankreich vereinigten sich Nord- und Süddeutschland. In Versailles wurde — jedoch ohne Beteiligung des Volkes — der preußische König zum Kaiser in Deutschland ausgerufen. Das II. Reich war geboren. Der *Zollverein* Friedrich Lists hatte die politische Einigung wirtschaftlich vorbereitet.

Bismarcks autoritäre Regierungsweise — unter Bruch des Verfassungsrechts — hat durch Gesetze „gegen die gemeingefährlichen Bestrebungen der Sozialdemokratie" trotz Bismarcks eigener erfolgreicher Sozialgesetzgebung den Gegensatz zwischen Regierung und Volk verschärft.

Wilhelm II. verließ die maßvolle Außenpolitik Bismarcks, der immer einen freundlichen Frieden suchte. Er erneuerte nicht Bismarcks „Rückversicherungsvertrag" mit Rußland. Aus einem französisch-russischen Bündnis zog er auch nicht die Konsequenz; erschloß keinen Vertrag mit England, sondern machte es sich zum Gegner durch den Bau einer großen Flotte. Deutschland war spät in die imperialistische Weltpolitik eingetreten. Wegen seiner industriellen Potenz wollte Deutschland in die Reihe der Weltmächte aufsteigen, nachdem die historische Stunde lang verpaßt war. Die Flotte sollte die deutschen Schutzgebiete in Afrika und Asien verteidigen (Togo, Südost- und Südwestafrika, Kamerun; Deutsch-Neuguinea, Samoa u. a.). England folgte dem Grundsatz, daß seine Flotte größer als die zwei folgenden zusammen sein solle. Deshalb mußte es wegen des deutschen Schiffsbaus seine Flotte vergrößern. Außerdem wurde England durch die deutschen Sympathien für die Buren in ihrem Freiheitskampf verstimmt. Wirtschaftliche Spannungen traten hinzu. Deutschland hatte sich besonders nach 1871 in einen hochindustrialisierten Staat verwandelt. Neben die Kohlen- und Stahlproduktion traten besonders die Elektrotechnik (Siemens, Hertz), die Chemie (Liebig, Baeyer) und der Maschinenbau (Diesel, Otto). Die Metaphysik wurde von den Natur- und Gesellschaftswissenschaften abgelöst. In der Physik (Röntgen, Planck) und Medizin (Behring, Koch) gelangen bedeutende Entdeckungen. Realismus und Naturalismus in der Literatur (Holz, Hauptmann) begleiteten diese Entwicklung. Der wirtschaftliche Aufschwung der „Gründerzeit" führte allerdings weithin zu einer Verflachung der Kultur. Nietzsche übte harte Kritik an seiner Zeit. Rilke, Hofmannsthal, George wahrten Abstand. Später suchte der Expressionismus ekstatisch den „neuen Menschen". In der Architektur schuf das *Bauhaus* mit einer neuen Sachlichkeit einen eigenen werkgerechten Stil. Im *Blauen Reiter* sammelte sich eine Avantgarde der Maler.

Drei Marokkokrisen verhärteten den Gegensatz zwischen Frankreich und Deutschland. In Nordafrika kreuzten sich französische und deutsche Interessen.

Zwischen Rußland und Deutschlands Verbündetem Österreich führten gleiche Ansprüche auf dem Balkan zu starken Spannungen. Beim Bau der „Bagdadbahn" traf Wilhelm auf den Widerstand Englands und Rußlands.

England verließ die Politik der *splendid isolation* und verbündete sich mit Rußland und Frankreich.

Bis 1914 hatten sich zwei Kräftefelder gebildet: England, Rußland, Frankreich, die *Entente;* und Deutschland, Österreich, Türkei, die *Mittelmächte.* Nach dem — von Rußland tolerierten — panslawischen Attentat auf den österreichischen Thronfolger in Sarajevo stand Deutschland mit „Nibelungentreue" zu Österreich. In Berlin hoffte man, den Konflikt lokalisieren zu können. Österreich erklärte Serbien den Krieg. Rußland mobilisierte. Deutschland richtete ein Ultimatum an die russische Regierung, das die Einstellung aller Kriegsmaßnahmen forderte. Rußland unterstützte Serbien und demobilisierte nicht. Jetzt erklärte Deutschland den Krieg. Aus dem Zusammenstoß mit Rußland ergab sich der Krieg mit Frankreich und schließlich mit England, nachdem Deutschland in Belgien einmarschiert war. Der I. Weltkrieg darf als eine Folge der imperialistischen Weltpolitik verstanden werden. 1917 traten die USA in den Krieg ein. Die Mittelmächte wurden von den Alliierten geschlagen. Durch den Vertrag von Versailles 1919 verlor Deutschland seine Kolonien, wurde beträchtlich verkleinert und fiel durch kaum durchführbare Reparationsbestimmungen in Not.

Die Donaumonarchie brach auseinander. Der deutsche Teil Österreichs sprach sich für einen Anschluß an Deutschland aus. Der Friedensvertrag verhinderte jedoch diesen Anschluß. Eine Revolution beseitigte 1918 die Monarchien in Deutschland. Sozialisten und Kommunisten bestimmten diese Revolution. Der Sozialdemokrat Friedrich Ebert wurde der 1. Präsident der „Weimarer Republik". Wirtschaftskrisen, Arbeitslosigkeit und Reparationen belasteten die junge Demokratie, die allerdings eine kulturelle Blütezeit mit sich brachte. In dem Elend der Nachkriegsjahre konnte ein Usurpator wie Hitler die Macht an sich reißen. Als er 1933 Kanzler wurde, glaubten die Koalitionsparteien, ihn kontrollieren — oder wenn seine Regierung versagte — abschieben zu können. Aber Hitler verbot die Parteien und errichtete eine Diktatur, die er Schritt für Schritt befestigte und durch Terror aufrecht erhielt. Die Kluft zwischen „Führung" und Volk vertiefte sich. Wer Widerstand leistete, verlor Freiheit und Leben (Geschwister Scholl; Graf von Stauffenberg und die Männer des 20. Juli 1944).

Nach dem Anschluß Österreichs, des Sudetenlandes und nach der Auflösung der Tschechoslowakei wandte sich Hitler gegen Polen. 1939 führte er Deutschland in einen neuen Weltkrieg, der mit einer Katastrophe endete — allerdings auch mit der Befreiung Deutschlands vom Nationalsozialismus.

Hitlers Massenmorde aus politischen und rassischen Gründen bleiben eine furchtbare Belastung aller jener Deutschen, die Gegner des Nationalsozialismus waren.

Die USA, Rußland, England und Frankreich besetzten 1945 das Reich. Die Gebiete jenseits der Oder kamen an Rußland und Polen. Unter russischem Einfluß wurde die *Deutsche Demokratische Republik,* unter westlichem Einfluß die *Bundesrepublik Deutschland* gegründet. Berlin wurde von den vier Mächten gemeinsam besetzt.

Wie 1648 war auch 1945 Deutschland fast ganz zerstört. Die Tatkraft des Volkes und die Gunst des Augenblicks ermöglichten jedoch wieder einen namentlich wirtschaftlichen Aufstieg.

Ein Grundzug der deutschen Geschichte war der Partikularismus. Er erscheint heute durch die Integration von 12 Millionen Vertriebenen aus dem Osten geschwächt, aber durchaus nicht aufgehoben. Der Partikularismus bestimmt noch die föderative Verfassung der Bundesrepublik Deutschland. Ein zweiter Grundzug der deutschen Geschichte — die Zweifrontenstellung — könnte auch für die Zukunft wirksam bleiben, wenn auch diese historische Zweifrontenstellung durch die Integration der Bundesrepublik in das westliche Bündnissystem, aber auch durch ihre Bündnispolitik mit den östlichen Nachbarn, an Bedeutung verloren hat. Die historische Kluft zwischen „Obrigkeit" und „Untertanen" dürfte in einem demokratischen Deutschland der Vergangenheit zufallen.

Der deutsch-französische Vertrag von 1963, den de Gaulle und Adenauer schlossen, stellt zwischen der Bundesrepublik und Frankreich besonders enge freundschaftliche Beziehungen her und dient als Instrument zum Ausbau der Europäischen Gemeinschaft. Der „Grundvertrag" zwischen den beiden deutschen Staaten (1972) soll die Möglichkeit stärkerer Annäherung in der Zukunft eröffnen.

GÜNTER KNACKSTEDT

Wegweiser durch die Bundesrepublik

I. Die Last von Krieg und Diktatur

Deutschlands jüngste Vergangenheit war sehr wechselvoll. Mit dem Ende des ersten Weltkrieges brach der alte Militär- und Beamtenstaat zusammen. An seiner Stelle versuchte man 1919 mit Hilfe der Weimarer Verfassung eine Demokratie zu errichten. Diese war nicht von langer Dauer. Zwar war sie der Fom nach brauchbar und den Systemen vieler parlamentarisch regierter Staaten vergleichbar, jedoch fehlten die Voraussetzungen für ihr Funktionieren: die demokratischen Ideen und Spielregeln wurden von einem großen Teil der Öffentlichkeit nicht anerkannt. Verwaltung, Justiz und Armee unterstützten den neuen Staat nur widerstrebend. Hinzu kam, daß die Weimarer Demokratie als Folge der Niederlage errichtet worden war. Die Reparations- und Wiederaufbauverpflichtungen, denen sie nachzukommen hatte, belasteten sie zusätzlich.

Die wirtschaftlichen Krisen der zwanziger Jahre trugen dazu bei, das demokratische System von Weimar weiter zu schwächen. Die Demokratie verlor zusehends an Anhängern, ihre Gegner bereiteten radikale Umwälzungen vor.

Die Weimarer Republik war schließlich 1933 am Ende ihrer Kraft. Die Nationalsozialisten, unter den radikalen Gruppen die machtgierigste, übernahmen die Staatsgewalt. In wenigen Wochen zerstörten sie unter Führung von Adolf Hitler die demokratischen Institutionen. An ihre Stelle setzten sie ein totalitäres Regime.

Hitler nahm den Deutschen ihre demokratischen Freiheiten. Die Nachbarn Deutschlands bedrohte er mit seiner rasch wachsenden Militärmacht. Das Ergebnis war der Krieg. Er dauerte von 1939 bis 1945 und brachte Deutschland die Niederlage und den totalen staatlichen Zusammenbruch. Das Land wurde von den Siegern besetzt und geteilt. Da sich die Sowjetunion und die westlichen Alliierten nicht über die staatliche Zukunft Deutschlands einigen konnten, blieb es bei der Teilung. Ein Friedensvertrag konnte bisher nicht geschlossen werden.

Auf dem Gebiet, das 1945 von den Truppen der USA, Großbritanniens und Frankreichs besetzt worden war, entstand mit Zustimmung dieser Mächte vier Jahre später die Bundesrepublik Deutschland. Dieser neue Staat hatte viele Schwierigkeiten zu meistern. Zunächst galt es, eine funktionsfähige Demokratie zu errichten. Dabei durften die Fehler von Weimar nicht wiederholt werden. Die Bürger sollten ein gutes Verhältnis zu ihren demokratischen Institutionen entwickeln und sich für sie verantwortlich fühlen. Armee und zentrale Staatsgewalt durften nicht wieder in ihre alten Machtpositionen einrücken.

Daneben galt es, die Kriegsschäden zu beseitigen. Die zerstörten Städte und Fabriken mußten wieder aufgebaut werden. 12 Millionen Flüchtlinge, die aus den östlichen Gebieten des Landes in die Bundesrepublik strömten, mußten in das verkleinerte Staatsgebiet aufgenommen und mit Arbeit und Wohnungen versorgt werden. In seinen Beziehungen nach außen fühlte der neue Staat die Verpflichtung, das Unrecht wieder gutzumachen, das Hitler anderen Völkern, insbesondere den Juden, zugefügt hatte.

II. Der staatliche Aufbau der Bundesrepublik

Die Bundesrepublik Deutschland besteht seit 1949. Sie ist eine parlamentarische Demokratie mit einem Präsidenten als Staatsoberhaupt. Ihre Verfassung ist das Grundgesetz. Nach dieser Verfassung ist Deutschland ein Bundesstaat, in dem sich die staatliche Gewalt zwischen dem Bund und den Ländern verteilt.

Sehen wir uns zunächst an, wie der Bund gelenkt wird: Die Regierungsgewalt wird vom Bundeskanzler und dem von ihm geführten Kabinett ausgeübt. Der Bundeskanzler hat eine starke Stellung, da er vom Parlament nur mit einer „konstruktiven Mehrheit" abgewählt werden kann. Das bedeutet, daß das Parlament sich mit Mehrheit auf einen Nachfolger geeinigt haben muß, bevor es den Regierungschef stürzen kann.

Der Bundestag ist die gesetzgebende Körperschaft, das Parlament. Er wird alle vier Jahre gewählt und besteht aus über 500 Abgeordneten. Daneben gibt es die Vertretung der Länder, den Bundesrat. Er zählt 45 Vertreter, die nicht gewählt, sondern von den Ländern benannt werden. Der Bundesrat hat bei Gesetzen, die die Interessen der Länder berühren, ein Vetorecht. Bei anderen Gesetzen besitzt er dieses Vetorecht nicht und kann vom Bundestag überstimmt werden.

den ist die Mitwirkung der Bürger an der Selbstverwaltung besonders intensiv.

Sicher behindert der föderative Charakter der Bundesrepublik ihre Beziehungen zu einer Welt, deren politische Dimensionen rasch zusammenschrumpfen. Die Väter der Verfassung wollten aber mit diesem System sicherstellen, daß Gegner der Verfassung sich nicht mehr, wie am Ende der Weimarer Epoche, der Zentralorgane bedienen können, um das staatliche und das geistige Leben ihrem totalitären Willen unterzuordnen.

Von den Ländern der Bundesrepublik ist Bayern das an Fläche, Nordrhein-Westfalen das an Bevölkerung größte. Die anderen Länder sind: Baden-Württemberg, Niedersachsen, Hessen, Rheinland-Pfalz, Schleswig-Holstein, Saarland, die beiden Stadtstaaten Hamburg und Bremen. Berlin hat einen besonderen Status. Hier üben die drei Alliierten, USA, Großbritannien und Frankreich die oberste Gewalt aus. Obwohl Berlin völlig in das Rechts- und Wirtschaftswesen des Bundes einbezogen ist, müssen die Bundesgesetze, bevor sie in Berlin Gültigkeit bekommen, vom Parlament der Stadt angenommen worden sein. Die Vertreter Berlins in Bundestag und Bundesrat haben nur beratende Stimme.

In dem von der UdSSR, der 4. Siegermacht des letzten Weltkriegs, besetzten Teil Deutschlands wurde 1949 ein zweiter deutscher Staat errichtet, die DDR (Deutsche Demokratische Republik). Hier leben 18 Millionen Deutsche (s. u.). Die Bundesrepublik hat zusammen mit Westberlin 61 Millionen Einwohner.

In der Verfassung der Bundesrepublik wurde 1949 bestimmt, daß gewisse staatliche Kompetenzen an überstaatliche Organe abgetreten werden können. Damit wollten die Väter des Grundgesetzes vor allem den europäischen Zusammenschluß möglich machen. Die Träume von 1949 über ein vereintes Europa sind nicht wahr geworden. Doch die Bundesrepublik hat sich mit ihren europäischen Nachbarn ausgesöhnt. Sie ist heute unter anderem Mitglied der Europäischen Wirtschaftsgemeinschaft, der Europäischen Kohle- und Stahlgemeinschaft und von Euratom. Mit vielen ihrer Nachbarn hat die Bundesrepublik Verträge über Zusammenarbeit auf vielen Gebieten. So hat zum Beispiel der Freundschaftsvertrag mit Frankreich von 1963 durch intensiven Jugendaustausch die junge Generation beider Länder einander nahe gebracht.

Auch mit den östlichen Nachbarländern hat die Bundesregierung ihre Beziehungen normalisiert. Durch die Politik des Ausgleichs mit Osteuropa wird die Aussöhnung mit den westlichen Nachbarn ergänzt und damit der Entspannung im Kern Europas ein wichtiger Dienst erwiesen.

III. Das politische Leben

Das politische Leben in der Bundesrepublik wird in der Hauptsache von den Parteien bestimmt. In der Geschichte der Bundesrepublik hat es über ein Dutzend politischer Parteien gegeben. Das Wahlrecht, das nur die Parteien zum Bundestag zuläßt, die mindestens 5 % der Wählerstimmen haben, hat jedoch verhindert, daß es zu einer Parteienzersplitterung wie in der Weimarer Republik kam. Als die stärksten Parteien haben sich die Christlich-Demokratische Union, die Sozialdemokratische Partei und die Freie Demokratische Partei herausgebildet. Nur einmal, von 1957—1961, hat eine Partei, die Christlich-Demokratische Union unter Adenauer, allein regiert. Zu allen anderen Zeiten waren Koalitionen nötig, um einer Regierung die absolute Mehrheit im Parlament zu sichern.

Nach der politischen Philosophie der Bundesrepublik fällt den verschiedenen Verbänden, Konfessionen, Interessenvereinigungen und Gewerkschaften ebenfalls eine mitbestimmende Rolle im politischen Leben zu. Sie sollen einerseits den Bürger zur Mitverantwortung heranziehen. Andererseits sollen sie durch ihren Einfluß auf die politischen Parteien und das Parlament wirklichkeitsfremde Entscheidungen verhindern und eine breite Basis der politischen Willensbildung sichern.

Die Jugend soll mit Hilfe der Nachwuchsorganisationen der Parteien und überparteilicher Gruppen am politischen Leben beteiligt werden. Vielfach empfinden die Jugendlichen und Studenten die Möglichkeiten, bei der Gestaltung der Gesellschaft mitzuwirken, nicht als ausreichend. Sie haben deshalb zum Mittel der Demonstration gegriffen, um eine Änderung der veralteten Institutionen und größeren politischen Einfluß zu fordern. Die Gesellschaft wird sich mit diesen Forderungen auseinandersetzen müssen.

IV. Das soziale Leben

Auf sozialem Gebiet gehört die Bundesrepublik zu den fortschrittlichsten Ländern der Erde. Eine Sozialversicherung (Krankenversicherung, Unfallversicherung, Rente) wurde von Bismarck schon am Ende des vergangenen Jahrhunderts geschaffen. Sie wurde später durch die Arbeitslosenversicherung, Arbeitsvermittlung und Altershilfe für Bauern vervollständigt. Dazu kam die Versorgung der Kriegsopfer und Kriegshinterbliebenen.

1957 wurde das Prinzip der dynamischen Rente eingeführt. Danach erhöhen sich die Renten im gleichen Maße wie die durchschnittlichen Arbeitsverdienste der noch Berufstätigen. Die Beiträge der Kranken-, Arbeitslosen- und Rentenversicherung werden von Arbeitgebern und Arbeitnehmern je zur Hälfte aufgebracht. Der Staat zahlt beträchtliche Zuschüsse. Die Krankenkassen bezahlen den Versicherten Arzt-, Krankenhaus- und Arzneikosten.

Die Eingliederung von 12 Millionen Flüchtlingen und Vertriebenen war eine der größten sozialen Leistungen der Bundesrepublik. Mit Hilfe eines besonderen Gesetzes über den Lastenausgleich wurden die Bürger, die nicht unter den Zerstörungen des Krieges gelitten hatten, ihrem Vermögen entsprechend zu besonderen Zahlungen verpflichtet. Mit Hilfe dieser Zahlungen wurden die Flüchtlinge und Bombengeschädigten in den Stand gesetzt, sich neue Anschaffungen zu machen und wirtschaftliche Unternehmen zu gründen. Das Experiment gelang: die Flüchtlingslager leerten sich, die Heimatlosen fanden eine neue Heimat.

Das Verhältnis zwischen Arbeitern und Unternehmern hat sich in der Bundesrepublik gut entwickelt. Die Lehren der Weimarer Zeit und des Nationalsozialismus waren auch hier heilsam. Die Gewerkschaften hüteten sich vor der Zersplitterung. Sie fanden sich in einer großen Gewerkschaftsbewegung (mit 16 Einzelgewerkschaften), die heute eine starke wirtschaftliche Macht geworden ist, zusammen. Die Unternehmer erkannten die gleichberechtigte Rolle der Gewerkschaften im sozialen Leben an. Der Staat hat durch Gesetze festgelegt, daß in jedem Betrieb mit mehr als fünf Beschäftigten eine Vertretung der Arbeitnehmer gebildet werden muß, die gewisse Rechte der sozialen Mitbestimmung ausüben kann. In der Grundstoffindustrie muß die Hälfte der Aufsichtsratsmitglieder durch die Gewerkschaften bestimmt werden. Der Arbeitsdirektor wird in diesen Industriezweigen durch die Gewerkschaften benannt.

Staatliche Eingriffe in das soziale Leben sind nicht Selbstzweck. Sie sollen auch nicht die private Initiative des Einzelnen hemmen. Die Gesellschaft muß aber verhindern, daß im freien Spiel der Kräfte, mit dem die Wirtschaft vorangetrieben wird, die sozial schwachen Gruppen unterliegen. Aber damit allein ist es nicht getan:

Durch das rasche wirtschaftliche und technologische Wachstum, die schnelle Verdichtung der Siedlungsgebiete und die fortschreitende Gefährdung der Umwelt werden Probleme auf die Gesellschaft zukommen, die mit den bisherigen Mitteln nicht gemeistert werden können.

Das bedeutet vor allem, daß die öffentlichen Aufgaben wachsen werden. Gemeinschaftseinrichtungen wie z. B. Schulen, Kindergärten, berufliche Bildungsstätten und Massenverkehrsmittel müssen den wandelnden Bedingungen der hochindustrialisierten Gesellschaft angepaßt werden. Lärm, Luft- und Wasserverschmutzung müssen eingedämmt werden. In den Fabriken müssen die Arbeitsbedingungen demokratisiert und vermenschlicht werden, auch damit die zunehmende Anonymität und Monotonie des Arbeitsprozesses gemildert wird.

Die politischen Kräfte in der Bundesrepublik haben nun, nachdem die äußere Sicherheit und innerer Wohlstand erreicht sind, die Aufgabe, die Qualität der Lebensbedingungen der Menschen zu verbessern und in einer sich rasch wandelnden Umwelt mehr soziale Gerechtigkeit und Gleichheit vor allem für jene zu schaffen, die in diesem Umwandlungsprozeß zu kurz kommen würden.

Einige Fakten über die DDR

In der Verfassung von 1968 heißt es: „(Die DDR) ist die politische Organisation der Werktätigen ... die gemeinsam unter Führung der Arbeiterklasse und ihrer marxistisch-leninistischen Partei den Sozialismus verwirklichen." Die DDR lehnt das Prinzip der Gewaltenteilung ab und besitzt ein einheitliches System der staatlichen Lenkung. Die Volkskammer ist das oberste staatliche Machtorgan. Von den 500 Abgeordneten werden 434 direkt über die Einheitsliste der Nationalen Front gewählt. Außerdem entsendet die Stadtverordnetenversammlung von Berlin (Ost) 66 Vertreter ohne Stimmrecht.

Zwischen den Tagungen der Volkskammer erfüllt der Staatsrat (25 Mitglieder) alle grundsätzlichen staatlichen Aufgaben. Der Staatsratsvorsitzende ist zugleich Staatsoberhaupt. Ebenfalls der Volkskammer untersteht der Ministerrat (gegenwärtig 39 Minister). Im System der Planwirtschaft werden alle Lebensbereiche der Bürger ständig von der Tätigkeit des Ministerrats berührt.

Das Staatsgebiet ist in 14 Bezirke gegliedert. Dazu kommt Berlin (Ost), das die Funktion eines Bezirks hat. Die DDR wird bis in die örtlichen Organe zentralistisch verwaltet. — Die DDR ist ein hochidustrialisiertes Land. 84,1 % der Produktion wird in staatlichen Betrieben gefertigt. Das sozialistische Eigentum ist die beherrschende Eigentumsform.

LUDO ABICHT

Österreich

Mittelalterlicher Imperialismus, bürgerliches und proletarisches Bewußtsein und demokratischer Freiheitssinn formten in einem langen Geschichtsprozeß das heutige Österreich. Als Sinnbilder gingen diese Formkräfte in das österreichische Wappen ein: der Adler mit dem rot-weißroten Schild auf der Brust ist das Symbol des Reiches, in dem „die Sonne nicht unterging" (Karl V.); Mauerkrone (Symbol der Städte), Hammer und Sichel stehen für Bürgertum, Arbeiter und Bauern, und die zerrissene Kette (sie wurde 1945 in das Wappen aufgenommen) symbolisiert die Befreiung des Landes von der Diktatur des Dritten Reiches.

Schon in der Römerzeit blühten Wirtschaft und Kultur auf österreichischem Boden: Straßen und Städte wurden gebaut, Wein und Weizen gepflanzt und das römische Recht wurde eingeführt. Wien *(Vindobona)*, Salzburg *(Juvavum)*, Linz *(Lentia)* waren ursprünglich römische Siedlungen. Seit etwa 400 n. Chr. eroberten die Germanen in verschiedenen Völkerwanderungen dieses reiche Gebiet. Lange kämpften germanische Siedler und Magyaren um die Herrschaft, bis dann 955 in der Schlacht am Lechfeld die Magyaren entscheidend geschlagen wurden. Unter dem Fürstengeschlecht der Babenberger entstanden neue Kulturzentren in den Klöstern und Ritterburgen. Vom Ende des 13. Jahrhunderts an bis 1918 regierten die Habsburger das sich immer weiter ausdehnende Reich: Flandern, Burgund, Böhmen, Ungarn und weite Gebiete auf dem Balkan wurden eingegliedert. Jahrhundertelang dauerte der Kampf gegen die anstürmenden Türken (Belagerungen von Wien, 1529 und 1683), die dann am Ende des 17. Jahrhunderts endgültig zurückgedrängt wurden. Die Ideen der Aufklärung nahmen unter der Kaiserin Maria Theresia (1740—1780) und besonders unter Kaiser Joseph II. in vielen Bereichen konkrete Gestalt an: von zahlreichen Maßnahmen seien hier nur die Aufhebung der Leibeigenschaft und die Grundlegung religiöser Toleranz erwähnt. 1867, nach der verlorenen Schlacht bei Königgrätz (Sadowa), wurde die kaiserlich und königlich (k. und k.) österreichisch-ungarische Doppelmonarchie gegründet. Der Kaiser von Österreich war von nun an zugleich der König von Ungarn. Damit begann die Endzeit des Imperiums, denn 1918 trennten sich die sogenannten Nachfolgestaaten (Tschechoslowakei, Ungarn, Jugoslawien und Teile von Polen und Rumänien) vom k. und k. Reich ab; in Österreich selbst wurde die Republik proklamiert. Im März 1938 wurde die österreichische Republik dem Deutschen Reich eingegliedert („Anschluß"); 1945 entstand die zweite Republik.

Sieben Millionen Menschen leben heute in diesem Land, das im Schnittpunkt der großen Verkehrswege Europas liegt und das an seinen Grenzen Begegnung hat mit germanischer, romanischer und slawischer Kultur. Die Muttersprache aller Österreicher — mit Ausnahme von einigen Bewohnern Kärntens und des Burgenlandes, die slowenisch, kroatisch oder magyarisch sprechen — ist Deutsch.

Acht Bundesländer bilden die Republik Österreich. Die Hauptstadt ist Wien. — Donau und Alpen formen abwechslungsreiche Landschaften, nämlich Hochgebirge, Mittelgebirge und Ebene.

Vorarlberg, dessen Bewohner (wie in Südwestdeutschland und in der Schweiz) einen alemannischen Dialekt sprechen, hat eine Verbindung von hochentwickelter Textilindustrie und Kleinlandwirtschaft hervorgebracht, wobei häufig der Bauer gleichzeitig Industriearbeiter ist. Die Hauptstadt ist Bregenz am Bodensee.

Tirol, dessen Bewohner (wie im übrigen Österreich) einen auf das Bairische zurückgehenden Dialekt sprechen, ist ein beliebtes Touristenziel. Alpinismus, Skilaufen und Folklore ziehen Besucher an. Sport- und Kunstzentrum ist die Landeshauptstadt Innsbruck.

Das Bundesland *Salzburg* ist ausgezeichnet durch seine reizvolle Landschaft. In der Stadt Salzburg wurde Mozart geboren. Es ist eine Stadt barocker Kirchen und Paläste und die Stätte der bedeutenden Salzburger Festspiele.

Kärnten, das südlichste Bundesland, erhält sein Gepräge durch seine vielen Seen. Das milde Klima macht es im Sommer zu einer Art binneneuropäischer Riviera. Haupstadt ist die römische Gründung Klagenfurt.

Die *Steiermark* ist ein Waldland mit bedeutender Holz- und Viehwirtschaft. Die Hauptstadt Graz (240 000 Einwohner) ist die zweitgrößte Stadt Österreichs. Früher war sie eine „Pensionopolis "der ausgedienten Beamten und Offiziere der alten Monarchie. Die 1585 gegründete Universität und die Technische Hochschule bestimmen heute das Gesicht der Stadt.

Oberösterreich trägt verschiedenartige Züge. Es gibt Schwerindustrie in der Donau-Hafenstadt Linz (200 000 Einwohner), Ackerbau in dem fruchtbaren Alpenvorland (Innviertel) und Viehwirtschaft in dem schönen Salzkammergut, das auch von vielen Touristen besucht wird.

Niederösterreich wird wegen seiner großen Getreideproduktion auch die „Kornkammer Österreichs" genannt. Außerdem fördert man dort so viel Erdöl, daß Österreich als einziges Land Westeuropas von Öleinfuhren unabhängig ist.

Das achte Bundesland heißt *Burgenland*. Es hat seinen Namen erst 1918 erhalten, als es aus den drei ungarischen Komitaten Wieselburg, Ödenburg und Eisenburg gebildet wurde. Es ist berühmt wegen seiner vielen Grenzburgen, die gegen die häufigen Angriffe der Magyaren errichtet wurden. Auf den Dörfern in der hügeligen Steppenlandschaft finden sich noch heute Sitten und Gebräuche slawischen und magyarischen Ursprungs.

Die Bundeshauptstadt *Wien* (1 700 000 Einwohner) faßt mit ihrer reichen Architektur, ihren Palästen und Kirchen, ihren berühmten Theater- und Kaffeehäusern und ihren Arbeitervierteln die verschiedenen Züge Österreichs zusammen, die wir im Wappen der Republik symbolisiert finden. Hier residierten die österreichischen Herzöge, Kaiser und Könige. Hier wurden 1683 die Türken vor den Toren geschlagen, hier kämpfte im Februar 1934 die faschistische Heimwehr gegen den sozialistischen Schutzbund in einem kurzen und blutigen Bürgerkrieg. Hier wurde im Juni 1934 der Kanzler Dollfuß von Nationalsozialisten ermordet, und hier hielt 1938 der gebürtige Österreicher Hitler seine Siegesrede.

Die österreichische Wirtschaft hat sich nach Auflösung des Reiches neu strukturieren müssen. In diesem Sinn konnte man Österreich auch eine Art von „Entwicklungsland" nennen; die Weltwirtschaftskrise von 1929 war deshalb verheerend für dieses Land. Nach dem Zweiten Weltkrieg hat sich Österreich erst seit dem Staatsvertrag von 1955 stabilisiert und schnell modernisiert, so daß heute der Lebensstandard der Österreicher dem europäischen Durchschnitt völlig entspricht. Die Grundindustrie (Erdöl, Elektrizität, Kohle, Metall, Eisen und Stahl) wurde 1946 verstaatlicht.

Trotz der schwierigen Neuanfänge von Wirtschaft und Politik nach den beiden Weltkriegen besitzt Österreich schon seit 1919 eine stark entwickelte soziale Gesetzgebung. Sozialversicherung, Betriebsräte und Kollektivverträge sind einige von den vielen Errungenschaften, die für die Österreicher schon zur Tradition geworden sind. Diese fortschrittliche Politik hängt wahrscheinlich mit der Stabilität der Parteien, dem annä-

hernden Gleichgewicht zwischen der ÖVP (Österreichische Volkspartei)
und der SPÖ (Sozialistische Partei Österreichs), und dem beschränkten
Militärbudget (nur ca. 4 %) zusammen. Wie die Schweiz hat Österreich
seine immerwährende Neutralität erklärt, so daß die Armee nur mehr
für den Grenzschutz und die Verteidigung dieser Neutralität verantwortlich ist.

Das Schulwesen hat seine Wurzeln in den mittelalterlichen Kloster-
schulen. Durch das Reichsvolksschulgesetz von 1774 wurde die allgemeine Schulpflicht mit einem Minimum von sechs Jahren eingeführt; 1869
wurden acht Jahre obligatorisch. Der Bildungsgang kann in einem von
1 500 Kindergärten begonnen werden und führt über die Volksschule und
die Mittelschule in eine der elf wissenschaftlichen Hochschulen oder fünf
Kunsthochschulen. Die berühmtesten akademischen Lehranstalten sind die
Universitäten von Wien (gegründet 1365), Graz (1585) und Innsbruck
(1677). Stark besucht sind die verschiedenen internationalen Sommer-
hochschulen in Österreich. Viele Ausländer studieren Musik in der Som-
merakademie des Mozarteums in Salzburg; denn neben der Literatur und
der Wissenschaft wird in Österreich besonders die Musik gepflegt und
geliebt.

Österreich, die Heimat Mozarts und Haydns, Grillparzers, Stifters und
Trakls, Raimunds, Nestroys, Musils und Horvaths, hat der Welt auch
Gregor Mendel, Sigmund Freud, Alfred Adler und Ludwig Wittgenstein
geschenkt. Die Wiener Psychoanalyse und die Philosophie des Wiener
Kreises sind neben der Zwölfton-Musik Schönbergs wesentliche Beiträge
zur Kultur des 20. Jahrhunderts. Österreich spielt auch noch nach dem
Ende des stolzen Reichstraums eine bedeutende Rolle in der geistigen
Geschichte der Völker.

Der 1936 verstorbene Satiriker und Kritiker Karl Kraus hat in seinem
Drama *Die letzten Tage der Menschheit* das habsburgische Österreich
heftig angegriffen. Er hätte wohl die neue Rolle des Landes im Dienst
des Friedens begrüßt.

ARMIN ARNOLD und MAX DISTELI

Die Schweiz

Die Schweiz ist ein kleines Land im Zentrum Europas. Im Süden grenzt es an Italien, im Osten an Österreich, im Norden an Deutschland und im Westen an Frankreich. Es hat etwa sechs Millionen Einwohner, die in vier Sprachgebieten wohnen. Im Bundes-Parlament darf in jeder der vier Sprachen gesprochen werden, und alle amtlichen Dokumente werden in diesen vier Sprachen abgefaßt. 73 % der Bevölkerung sprechen deutsch, 21 % französisch, etwa 5 % italienisch und 1 % rätoromanisch. Diese letzte Sprache kommt in einigen Alpentälern des Kantons Graubünden vor. Man sagt, daß sich im vierten Jahrhundert ein Teil der in der Po-Ebene lebenden Römer vor den einbrechenden Goten in die Alpentäler geflüchtet haben. Diese haben sich mit den rätischen Einwohnern kulturell vermischt. Das Rätoromanische ist die durch Latein umgeformte Sprache eines keltischen Stammes.

Die Schweiz besteht aus 22 Provinzen, „Kantone" genannt. Während die für das ganze Land zuständige Bundesregierung für Militär, Post, Zoll und Währung verantwortlich ist, fallen Bauwesen, Erziehung, Gesundheitswesen und Rechtswesen in die Kompetenz der Kantone und Gemeinden. Das hat — neben Vorteilen — auch gewisse Nachteile. Z. B. kann ein Lehrer nicht ohne weiteres eine Stellung in einem anderen Kanton annehmen, da sein Diplom in manchen Fällen nur in seinem eigenen Kanton anerkannt wird.

Die Geschichte der Schweiz beginnt im Jahre 1291, als sich die drei Kantone Uri, Schwyz und Unterwalden, alle am Vierwaldstättersee gelegen, von den österreichischen Vögten lossagten und dem deutschen Kaiser unmittelbar unterstellt sein wollten. Bald schlossen sich andere Kantone und Städte dem neuen Bund an: Luzern, Zug, Glarus, Zürich, Bern. Natürlich versuchten die österreichischen Herzöge und andere Fürsten und Könige immer wieder, dem demokratischen Land ein Ende zu bereiten. Aber die Schweizer gewannen Jahrhunderte lang jeden Krieg, und schließlich hat jedermann das Land in Ruhe gelassen; sogar Hitler hat auf einen Angriff verzichtet.

Die Schweiz ist ein Land, das fast keine Bodenschätze besitzt; trotzdem hat es einen sehr hohen Lebensstandard. Warum? Die Schweizer sind ein überaus fleißiges Volk. Man arbeitet länger und intensiver als in Frankreich, England oder den Vereinigten Staaten. Es herrscht die 44-Stundenwoche; drei Wochen Ferien sind häufig, aber noch nicht allgemein. An vielen Orten beginnt die Schule um sieben Uhr morgens, sogar am Samstag. Auch ist der Schweizer bekannt als exakter und zuverlässiger Arbeiter — man denke an die Schweizer Uhrenindustrie. Neben der Uhren- und Maschinenindustrie spielt der Fremdenverkehr eine wichtige Rolle. Seit der Romantik ist die Schweiz ein beliebtes Touristenland. Auf aussichtsreiche Berge führen Bahnen, und auf jedem größeren See fahren Passagierschiffe. In Städten wie Lugano, Interlaken, Arosa und St. Moritz leben meist mehr Fremde als Schweizer.

Der Schweizer ist besonders auf zwei Sachen stolz: die Qualität seiner Produkte und seine persönliche Freiheit. In keinem Land der Welt hat der Bürger ein annähernd so großes politisches Mitbestimmungsrecht durch Wahlen und Abstimmungen. In den meisten Ländern des Westens wählen die Bürger alle vier Jahre das Parlament. Aber über das, was im Parlament geschieht, haben sie keine Korrekturmöglichkeit mehr. Ganz anders in der Schweiz: der Schweizer Bürger geht jedes Jahr mehrmals zur Urne und wirft seinen Stimmzettel ein. In Gemeinde-, Kantons- und Bundesangelegenheiten wird pro Jahr mehrmals abgestimmt. Wenn die Gemeinde ein neues Schulhaus baut, müssen die Stimmbürger der Gemeinde den Kredit bewilligen. Beachtlich ist, daß die Gemeindebürger den Steuersatz in einer Abstimmung festlegen. Das gilt auch für den Kanton. Bundessteuern gibt es außer der Wehrsteuer nur indirekte.

Zürich hat eine halbe Million Einwohner und ist die größte Stadt der Schweiz. Bern ist die Hauptstadt. Der Ständerat ist die Vertretung der Kantone und hat 44 Mitglieder, zwei von jedem Kanton. Der Nationalrat hat 200 Mitglieder; dies sind Vertreter des Volkes. Beide Räte müssen einen Beschluß gutheißen, sonst wird er nicht Gesetz. Die ausführende Behörde ist der Bundesrat, der aus sieben Mitgliedern zusammengesetzt ist. Jedes Jahr führt ein anderer Bundesrat den Vorsitz; dieser ist der höchste Beamte der Schweiz und heißt Bundespräsident. Von der legislativen und der exekutiven Behörde des Landes völlig getrennt ist die richterliche Behörde: das Bundesgericht in Lausanne.

Die Parlamentsbeschlüsse unterliegen dem fakultativen Referendum, Verfassungsänderungen jedoch dem obligatorischen Referendum. 30 000

Unterschriften genügen, um einen Parlamentsbeschluß zur Volksabstimmung zu bringen. Oft verweigert das Volk die Zustimmung. Während 30 000 Stimmen ein „Referendum" forcieren, braucht es 50 000 Stimmen zu einer „Initiative". Eine Initiative ist ein Vorschlag zu einer Gesetzänderung oder einem neuen Gesetz. Wenn die notwendigen Unterschriften da sind, muß das Parlament den Vorschlag behandeln und das Volk darüber abstimmen lassen.

Die Schweiz hat in Bezug auf Größe und Bevölkerungszahl die größte und beste Armee Europas. Diese dient ausschließlich der Verteidigung des Landes. Jeder männliche Schweizer muß, wenn er zwanzig Jahre alt ist, eine 17wöchige Rekrutenschule absolvieren, in der er zum Soldaten ausgebildet wird. Nachher nimmt er seine Ausrüstung und seine Waffe samt Munition mit nach Hause. Solange er jung ist, rückt er jedes Jahr zu einem Wiederholungskurs ein, der drei Wochen dauert; später geht er nur noch alle paar Jahre einmal in den Militärdienst. Auf diese Weise kann die Schweiz innerhalb weniger Stunden ein Heer von fast einer Million Soldaten aufstellen.

Sehr gut ist in manchen Kantonen das Schulwesen organisiert. Im Kanton Aargau gehen alle Schüler zuerst fünf Jahre in dieselbe Schule. Darauf kommen die Intelligentesten in die Bezirksschule, welche vier Jahre dauert. Die Mittelmäßigen besuchen die Sekundarschule, die intellektuell am wenigsten Begabten die Primarschule bis zum 8. Jahr. Die Primarschulabsolventen werden Arbeiter und Handwerker, oft auch erfolgreiche Geschäftsleute. Die Sekundarschüler ergreifen gewerbliche und kaufmännische Berufe. Die besten Bezirksschüler besuchen nachher vier Jahre lang das Gymnasium, bestehen die Matura und studieren anschließend an einer der sieben Universitäten, der Handelshochschule St. Gallen oder einer der beiden technischen Universitäten in Zürich oder Lausanne.

Viele Ausländer machen sich ein falsches Bild von der Schweiz. Gewiß: da sind die schönen Seen, die hohen Alpen mit den Gletschern, die grünen Wiesen mit den Kühen, welche die Milch für die Schokolade und den löchrigen Käse geben. Sogar Trachten werden am Sonntag in den Bauerndörfern getragen; auf den hohen Weiden hört man die Nationalmusik: das Jodeln, und das Nationalinstrument: das Alphorn. Aber das sind im Grunde Reste einer bäuerlichen Kultur, Überbleibsel aus einer alten, idyllischen Zeit. Die moderne Schweiz ist einer der best-organisierten Industriestaaten der Welt. Die Schweiz könnte manchen Ländern der Welt zum Vorbild dienen: hier leben vier Rassen, die in vier Sprachen sprechen, friedlich beisammen, stark in der individuellen Freiheit jedes einzelnen Bürgers und in der gegenseitigen Solidarität aller; stark auch in der Neutralität, welche die Schweiz seit 1815 allen anderen Ländern gegenüber bewahrt hat.

Die ungeheure Hochkonjunktur in Industrie und Wirtschaft hat der Schweiz allerdings auch Nachteile gebracht. Man hat eine ganze Million Gastarbeiter aus Italien und andern Ländern zugelassen, um der Industrie genügend Arbeitskräfte zur Verfügung zu stellen. Diese Leute beanspruchen Wohnungen und Plätze in den Schulen; ihre Gegenwart ändert das soziale Klima. Die Schweiz ist heute übervölkert und überfremdet. Überall wird gebaut; der grüne Boden schwindet dahin — und mit ihm die Landwirtschaft. Die natürlichen Elemente wie Wasser, Boden, Luft werden übernutzt — und verschmutzt. Die gute finanzielle Lage der Schweiz zieht fremdes Kapital an. Man ist bereit, hohe Summen für Grundbesitz zu zahlen. Man spricht davon, daß ganze Kantone (etwa das Tessin) ans Ausland „ausverkauft" worden seien.

Um die Schweiz gegen diese Tendenzen zu schützen, sind in den letzten Jahren Organisationen gegründet worden, die sehr schnell Einfluß und Macht gewonnen haben: Naturschutz- und Heimatschutzverbände. Diese kämpfen mit allen legalen Mitteln gegen die Auswüchse eines leeren materiellen Fortschritts. Das Volk ist klug genug, um die Gefahren einer unaufhaltsamen Industrialisierung einzusehen. 1970 stimmten 47 % der Schweizer — gegen die Empfehlung der Regierung und aller Parteien — dafür, daß die Zahl der Gastarbeiter verringert werde — auch wenn deswegen die Konjunktur zurückgehe. Und 1971 übertrug das Volk der Regierung das Recht und die Pflicht, sofort alle notwendigen Maßnahmen zum Schutz der Umwelt zu ergreifen.

HEINZ FISCHER

Deutsche Landschaften

Die deutsche Landschaft von den Küsten der Nord- und Ostsee bis zum Harz ist flach ausgestreckt unter einem weiten Himmel mit schweren Wolken. Vor der Nordseeküste liegen die Halligen im Meer. Ihre Größe wechselt mit Ebbe und Flut. Brüllend schlägt sie der „blanke Hans". Manche sind in Sturmfluten versunken.

Das Festland ist durch Dämme geschützt. Schon oft war das Meer stärker, durchbrach den Damm und überflutete den Hof, ertränkte das Vieh und versalzte die Wiesen. Aber das Meer bietet auch dem Fischer Nahrung, der bis hinauf nach Island auf Fang zieht. Die strohgedeckten Höfe der Bauern liegen weit voneinander ab. Sie sind unter alten Bäumen versteckt. Kleine Hecken umgrenzen Weide, Acker und Hof. Kein deutsches Land ist stiller und schwermütiger, wenn an einem grauen Tag die Wolken langsam darüber hinziehen, Vögel schreien und der Wind vom Meer durch die Bäume fährt. Keine deutsche Landschaft ist schöner, wenn die Sonne nach kurzen Sommernächten aufgeht und die Kronen der Eichen und Birken vergoldet.

Um Lüneburg liegt abseits die Heide. Das Heidekraut wächst über sandigen Boden. Schwarzes Wasser rinnt durch das Moor. Kleine Schafe weiden umher. Neben tausendjährigen Steingräbern erscheinen die Hütten der Heidebauern wie die Wohnungen eines Zwergengeschlechts.

Im deutschen Westen fließt der Rhein. Auf seinem Rücken trägt er Kohle und Eisen aus dem Ruhrgebiet stromauf und stromab. Er ist das Rückgrat Deutschlands, und er fließt durch die deutsche Geschichte. In seinem Wasser spiegeln sich die alten Dome von Straßburg, Speyer, Worms, Mainz, Köln und Xanten. Burg steht gegen Burg im Rheinland. Aber heitere Weinberge begleiten die Ufer des Stroms. Die Lieder der Winzer singen von der schönen Lorelei, vom bösen Bischof Hatto, von tapferen Rittern und ihren treuen Frauen.

Ebenen und Flüsse mag es überall geben. Die Mittelgebirge — der Teutoburger Wald, der Spessart, die Rhön, der Schwarzwald — sind eigentümlich deutsch. Dort in den Mittelgebirgen erheben sich waldbe-

Heinz Fischer

Burg Rothenfels am Main

Schloß Mespelbrunn im Spessart

deckte Berge. Im Herbst färbt sich der Wald bernsteingelb, rot und braun. Eichen und Buchen stehen über Beeren und Pilzen. Im Tal fließt ein klarer Bach durch grüne Wiesen. Hirsche und Wildsäue brechen durch das Holz. An einem Waldsee steht ein Schloß wie Mespelbrunn im Spessart. Märchenlandschaft! und doch Heimat armer Rhönhirten und kleiner Spessartbauern. Zu dieser Landschaft gehören auch Städte wie Heidelberg, Rothenburg und Dinkelsbühl mit ihren mittelalterlichen Türmen und Mauern.

Die Alpen bilden die deutsche Grenze im Süden. In einer majestätischen Bergwelt, durchsetzt mit vielen Seen — der Königssee bei Berchtesgaden ist einer der schönsten — lebt der Alpenbauer. Im Sommer weiden seine Kühe auf den Bergwiesen. Für den Winter trägt der Bauer das Heu von den steilen Höhen zu Tal. Nach schwerer Arbeit feiert er seine Feste mit Jodlern und ausgelassenen Tänzen, den Schuhplattlern. Er versteht es, seine Häuser und Kirchen fröhlich zu bemalen.

Schwermütige Ebenen, fruchtbare Weingärten, breite Flüsse, sanfte Wiesen, wilde Berge: vom Meer zu den Alpen, von den Wäldern zu den Strömen glänzt die Schönheit der deutschen Landschaften.

Zu den deutschen Landschaften gehören auch die deutschen Mundarten: das schwere niederdeutsche Platt, aus dem die alte Verwandtschaft mit dem Englischen deutlich herausklingt; das lebhafte, fröhliche Fränkisch um Rhein und Main; das dunkle und ehrliche Schwäbisch; das kräftige, etwas derbe Bairisch; und Sächsisch, die deutsche Mustersprache in der Goethezeit. Heute wird in Hannover das beste Deutsch gesprochen. Die Stadtmundart der Berliner dürfen wir wegen ihres unsentimentalen und doch warmherzigen Humors nicht vergessen.

HEINZ FISCHER

Die deutsche Sprache

I. Genealogische Verwandtschaft

Deutsch ist am nächsten mit dem Niederländischen, Friesischen, Englischen und den skandinavischen Sprachen (Isländisch, Dänisch, Norwegisch, Schwedisch) verwandt. Mit ihnen stammt es von einer Ursprache ab: dem Germanischen.

Das Germanische ist ein Glied in der indoeuropäischen Sprachfamilie. Indoeuropäisch heißt die Sprache der Vorfahren der Indo-Iranier, Slawen, Griechen, Römer, Kelten, Germanen und einiger anderer Völker. Der Philologe Franz Bopp hat im neunzehnten Jahrhundert ihre Verwandtschaft nachgewiesen. Von dem Indoeuropäischen hat sich das Germanische durch die erste Lautverschiebung und durch Akzentwechsel gelöst.

Durch die erste Lautverschiebung wurden unter anderem die indoeuropäischen stimmlosen Verschlußlaute *p, t, k* zu Reibelauten. Es entsprechen sich lat. *nepos,* ahd. *nefo;* lat. *tres,* engl. *three;* lat. *pecus,* mhd. *vich.*

Die indoeuropäischen stimmhaften Verschlußlaute *b, d, g* wurden zu stimmlosen *p, t, k.* Es stehen nebeneinander: lat. *bala,* ndl. *poel;* lat. *duo,* engl. *two;* lat. *gelidus,* nhd. *kalt.*

Der mobile Wortakzent verlagerte sich auf die Wurzelsilbe, vgl. lat. *ámo, amávi, amicítia; síngen, sáng, gesúngen.* Das Germanische hat dadurch in der Regel Anfangsbetonung, die den Stabreim begünstigte.

Diese Vorgänge begannen vermutlich in der ersten Hälfte des 1. Jahrtausends vor Christus, und waren zwei bis drei Jahrhunderte vor Christus abgeschlossen.

Einige gemeingermanische Wörter sind bei antiken Autoren wie Cäsar und Tacitus überliefert: *ganta,* ‚Gans‘; *sapo,* ‚Seife‘; *glesum,* ‚Bernstein‘.

Vor der Völkerwanderung haben sich die Germanen noch untereinander mehr oder weniger verstanden. Die Völkerwanderung hat dann das Gemeingermanische in Einzelsprachen aufgebrochen.

Man unterscheidet einen ostgermanischen, einen nordgermanischen und einen westgermanischen Zweig. Ostgermanisch war das Gotische, das noch im 16. Jahrhundert auf der Krim lebte. Zum Nordgermanischen zählen die skandinavischen Sprachen. Dem Westgermanischen werden das Englische, Niederländische, Friesische und die Dialekte der deutschen Stämme zugerechnet. Durch allmählichen Ausgleich ist aus einigen westgermanischen Dialekten das Deutsche entstanden, besser gesagt, das Hochdeutsche als schriftlicher Überbau über den deutschen Stammessprachen, die auch heute noch weithin gesprochen werden. Zwischen der hochdeutschen Schriftsprache und den Stammessprachen hat sich als gesprochene überregionale Sprachform die *Umgangssprache* entwickelt.

II. Stammessprachen und Hochsprache

Mit einer Verbindung germanischer Stämme vom fränkischen Westen her begann die deutsche Geschichte. Damit begann auch die Ausformung der deutschen Sprache. Die Geschichte der deutschen Sprache ist daher die Geschichte eines allmählichen Ausgleichs geworden. Während dieses Vorgangs haben verschiedene Stämme, Stände und Gestalten eine bedeutende Rolle gespielt. Jahrhunderte haben an diesem Ausgleich mitgearbeitet. Aus einer Reihe von Stammesmundarten oder -sprachen entstand eine literarische Hochsprache.

Deutsch ist weithin eine künstlich ausgeformte Sprache. Eine Darstellung dieser Ausgleichssprache muß daher von den Stämmen ausgehen. Die Sachsen, Franken, Thüringer, Alemannen, Bayern und Langobarden waren Nachbarn, ihre Mundarten miteinander verwandt. Aber noch heute steht Plattdeutsch dem Englischen zum Teil näher als beispielsweise dem Bairischen.

Heute wird ein einheitliches Deutsch geschrieben und verstanden, aber durchaus nicht allgemein gesprochen. Die Stammessprachen leben noch. Der Ausgleich zur gemeinsamen gesprochenen Sprache hat sich noch nicht vollzogen. Viele Deutsche sprechen eine Mundart, und auch die Gebildeten zeigen durch die Eigenarten ihrer Rede ihre „wahre Heimat" an. Es ist vielleicht etwas überspitzt zu sagen: „Kein Deutscher spricht Deutsch". Aber Herders Wort ist immer noch gültig: „bekanntermaßen wird unsere Büchersprache ... beinahe nirgend geredet." Es fehlt zwischen Hochsprache und gesprochenen Sprachschichten die „mittlere Sprache", deren Mangel H. v. Hofmannsthal beklagt. Für Heinrich Böll gibt es auch noch in der hochdeutschen Literatur der Gegenwart „weder vertraute Sprache noch vertrautes Gelände".

III. Der Name ‚deutsch'

Als Germanen mit nicht-germanisch sprechenden Völkern zusammen-
trafen, entstand für die fremde Sprache der Ausdruck *walhisk*, der als
welsch weiterlebt (vgl. engl. *Welsh, Wales, Cornwall;* nhd. *wallonisch,
Walchensee, Wallachei; Walnuß*). Dieses Wort entstand auf der Grundlage des keltischen Volksnamens *Volcae*. Demgegenüber bezeichnete das
Adjektiv ahd. *diutisc* die eigene Sprache im Gegensatz zur fremden
Sprache. Es gehört zu ahd. *diot*, Volk. Die latinisierte Form *theodiscus*
taucht 786 in einem Bericht über eine Synode bei den Angelsachsen auf.
Hier bezeichnete *theodiscus* die einheimische germanische Sprache im Gegensatz zum Latein. Das Wort engte sich auf die Bedeutung „deutsch"
ein, vielleicht unter dem Einfluß des Adjektivs *teutonicus*, das im 9. Jahrhundert lateinischen Quellen entnommen und dem *theodiscus* gleichge-
stellt wurde.

IV. Der deutsche Sprachraum

Deutsch ist Muttersprache in Deutschland, Österreich und einem Teil
der Schweiz. (Schwyzerdütsch gehört zum Alemannischen, die Mundarten
Österreichs gehören zum Bairischen, mit Ausnahme des alemannischen
Vorarlberg). Außerdem ist es in Luxemburg, Elsaß-Lothringen und Süd-
tirol verbreitet. Die großen Sprachinseln in Osteuropa, besonders auf
dem Balkan (Banat, Siebenbürgen) und in Polen, sind auch nach dem
zweiten Weltkrieg nicht völlig untergegangen.

In Pennsylvanien wird seit der Gründung von Germantown (1683)
deutsch gesprochen und — mit englischen Beimischungen — von den
Amischen und Mennoniten bewahrt. Pennsilfaanisch ist eine Ausgleichs-
mundart süd-westdeutscher Prägung mit einer rheinfränkischen (Pfälzer)
Grundlage. Im Westen Kanadas und in Ontario bestehen — bei den
Hutteriten und Mennoniten — ebenso deutsche Sprachinseln wie in Mit-
tel- und Südamerika und in Südafrika.

In diesem Zusammenhang ist auch *das Jiddische* zu streifen. Das Jiddische kann als eine Nebensprache des Deutschen verstanden werden. Es
wurde früher auch einfach ‚Taitsch' genannt. Es hat sich auf mittelhoch-
deutscher Grundlage entwickelt. Dazu kommen Elemente aus den hebräischen und den slawischen Sprachen und einige romanische Reste. Ungefähr drei Viertel des Jiddischen stammen aus dem Deutschen, etwa 15 %
aus dem Hebräisch-Aramäischen und ein Zehntel aus verschiedenen sla-

wischen Sprachen. Das Jiddische wird nach phonetischen Prinzipien, angelehnt an deutsche und slawische Orthographie, mit hebräischen Buchstaben geschrieben.

Im deutschen Sprachgebiet siedelten sich die Juden seit der Spätantike im Rheinland an. Sie kamen namentlich aus dem gallisch-französischen Bereich. Das älteste jiddische Schriftstück ist 1382 datiert. Romanische Elemente wurden beibehalten, wie *benschen*, ‚segnen‘, *leinen*, ‚lesen‘, *pen*, ‚Feder‘. Im dreizehnten Jahrhundert begann die Einschränkung des jüdischen Lebens in Ghettos, und damit dürfte die Entwicklung des Jiddischen zusammenhängen.

Im dreizehnten Jahrhundert begann die starke Ausbreitung der deutschen Juden im Osten Europas. Die deutschen Juden assimilierten das slawischsprechende Judentum. Damit begann die Entwicklung des Ostjiddischen im Gegensatz zum Westjiddischen der im deutschen Sprachgebiet verbliebenen Juden. Das Ostjiddische gewann literarische Bedeutung u. a. durch Schalom Aleichem (1859—1916). Er hat auch Werke für das noch heute lebendige jiddische Theater geschrieben.

Heute wird (Ost-)Jiddisch besonders in New York, Buenos Aires, London (Whitechapel) und auch in Amsterdam gebraucht. Es wird angenommen, daß es von sieben Millionen Menschen gesprochen wird. Das Jiddische erscheint im allgemeinen regressiv, wenn es auch in der autonomen Sowjetrepublik Birobidschan an der Grenze der Mongolei zur offiziellen Sprache erklärt wurde. Die ausschließliche Geltung des Neuhebräischen (Iwrit) in Israel hat die Bewahrung des Jiddischen eher angeregt.

In das Deutsche ist eine Reihe hebräischer Ausdrücke durch die Bibel eingegangen, wie *Leviathan*, *Mammon*, *Schibboleth* und *Tohuwabohu*. Daneben sind durch das Jiddische hebräische Wörter in das Deutsche gekommen, wie: *flöten gehen*, *meschugge*, *pleite*, *Schlemihl* oder *schäkern*.

Außer dem Jiddischen verdient noch das Rotwelsch, die „Geheimsprache der Vagabunden“, Erwähnung. Einige jiddische Ausdrücke im Deutschen sind über das Rotwelsch — das schon Luther kannte — und die Studentensprache in die deutsche Sprache eingegangen (z. B. *mogeln*).

V. Der Weg des Deutschen

Die deutsche Sprachgeschichte wird, recht grob, in drei Zeiträume gegliedert: Althochdeutsch (etwa 750 bis 1050), Mittelhochdeutsch und, ungefähr seit Luther, Neuhochdeutsch.

1. Althochdeutsch

Der Begriff *hochdeutsch* ist durch die *zweite Lautverschiebung* begründet. Diese Lautverschiebung betrifft Ober- und Mitteldeutschland. Sie begann im Süden, wahrscheinlich bei den Alemannen, und breitete sich langsam nach Norden aus. Oberdeutschland hat die Veränderung voll, Mitteldeutschland nur zum Teil, und Niederdeutschland gar nicht durchgeführt.

An einer Grenze nördlich von Köln über Kassel und Magdeburg, der *Benrather Linie,* ist die Verschiebung stehengeblieben. Was südlich dieser Grenze gesprochen wird, heißt Ober- bzw. Mitteldeutsch, was nördlich davon gesprochen wird, Niederdeutsch bzw. Plattdeutsch. Ober- und Mitteldeutsch werden sprachgeschichtlich im Gegensatz zu Niederdeutsch auch *Hochdeutsch* genannt. Später hat durch Luther eine Sprache mit „hochdeutschem" Charakter über das Niederdeutsche gesiegt. Deshalb wird die deutsche Sprache auch Hochdeutsch genannt. Hochdeutsch hat demnach zwei Bedeutungen. Es bezeichnet 1. die verbindliche deutsche literarische Sprache, und es faßt 2. Ober- und Mitteldeutsch zusammen, im Gegensatz zum Niederdeutschen.

Die zweite Lautverschiebung wandelte ungefähr um 500 n. Chr. germanisch *p, t, k* nach Vokalen zu Reibelauten. Vgl. engl. *ship* — nhd. *Schiff;* engl. *foot* — nhd. *Fuß;* engl. *make* — nhd. *machen.* Im Anlaut und nach Konsonanten entstanden Affrikaten, vgl. gotisch *pund* — nhd. *Pfund;* altsächsisch *holt* — nhd. *Holz.*

Vom Süden her strahlte seit 700 auch die Kirchensprache mit ihrem Wortschatz und ihrer vergeistigenden Kraft nach Norden aus. Der kirchlich-lateinische Endreim überflügelte den germanischen Strabreim. (Eine Reihe von Wortpaaren wie *Kind und Kegel; Mann und Maus; gang und gäbe* bewahren jedoch auch im gegenwärtigen Deutsch noch stabreimende Formen. Auch endreimende Wendungen wurden gebildet und sind im zeitgenössischen Deutsch noch zu finden, z. B. *Gut und Blut, recht und schlecht.*) Die Parallele *Sonnabend/Samstag* weist darauf hin, daß auch die angelsächsische Mission Spuren im Deutschen hinterlassen hat. ‚Samstag', dissimiliert aus ‚sabbaton', geht auf die griechisch-arianische Mission zurück, ‚Sonnabend' zeigt angelsächsischen Einfluß. Die Verteilung der beiden gleichbedeutenden Begriffe wird auch heute noch von dem Wirkungsbereich der arianischen und angelsächsischen Mission bestimmt. *Sonnabend* ist im niederdeutschen, *Samstag* im ober- und mitteldeutschen Sprachbereich gebräuchlich.

Vom fränkischen Westen gingen seit dem 8. Jahrhundert starke sprachliche und literarische Impulse aus. Die Franken waren das herrschende Volk. Karl der Große sprach fränkisch. Er förderte die *lingua theodisca* kräftig, veranlaßte die Übersetzung christlicher Texte und ließ die alten Heldenlieder sammeln.

Vom Fränkischen her ging der analytische Gebrauch von Hilfsverben in Vergangenheit, Zukunft und im Passiv ins Deutsche ein; außerdem der bestimmte und der unbestimmte Artikel.

Ein fränkischer Karolinger „bestellte" zur Missionierung der Sachsen den niederdeutschen *Heliand*. Mittelpunkt literarischer Arbeit waren die Klöster, namentlich Sankt Gallen, Reichenau und Fulda. Sie begannen schon mit der Ausgleichung sprachlicher Unterschiede.

Der Umlaut breitete sich wahrscheinlich vom Norden nach Süden aus. Ein *i*-Laut palatisierte ein vorausgehendes *a, o* oder *u*. Vgl. nhd. *tragen, trägt* — ahd. *tragan, tragit*. Später folgte der Umlaut von *o* zu *ö, oli/Öl; u* zu *ü, kussjan/küssen* (aber *Kuß*), *au* zu *äu, laufen läuft* — ahd. *loufit*.

2. Mittelhochdeutsch

„Das große Ereignis der hochmittelalterlichen deutschen Sprachgeschichte ist die Entstehung einer ersten gesamtdeutschen hochsprachlichen Form, die sich über die gesprochenen wie über die Schreibidiome erhebt" (Moser). Die höfischen Dichter der Blütezeit um 1200 arbeiteten bewußt an einer überregionalen deutschen Schriftsprache. Sie vermieden Wörter, die sich nicht in den verschiedenen deutschen Sprachlandschaften reimten und pflegten eine neutrale Sprachform.

Durch häufigen Umgang (Streubesitz, Heirat, Turniere) näherten sich die Ritter einander auch in der Rede.

Über die Niederlande verbreitete sich die französische Rittersprache im deutschen Sprachgebiet. Das romanische Ritterwesen und die Troubadourdichtung brachte eine Fülle von französischen Wörtern in das Deutsche, von *Abenteuer* bis *Tanz*. Sogar französische Suffixe wurden entlehnt und leben heute noch als *-lei* und *-ieren* fort (*allerlei, hofieren*).

Der politische Niedergang des Ritterstandes nach dem Ende der Staufer hemmte die Vereinheitlichung der Sprache. Aber Deutsch verdrängte Latein in der Verwaltungssprache. Es eroberte sich mit Chroniken und Rechtsspiegeln die Prosa; 1235 wurde das erste Reichsgesetz in deutscher

Sprache erlassen. Als Wiedergabe lebendiger Rede sind die deutschen Predigtsammlungen wertvoll.

Der Mystiker gab der reichen Welt seiner Gedichte und Gefühle einen Namen. Er schuf: *Anschauung, Eindruck, Einfluß, bildlich, wesentlich, begreifen, einsehen,* und verwendete abstrakte Neubildungen mit Suffixen wie *-heit, -keit, -ung* und *-lich.*

Für die Ausprägung einer allgemeinen deutschen Sprache wurde es wichtig, daß die Kanzleien der Territorialfürsten und des Kaisers deutsch schrieben. Sie schrieben zwar ungleich, förderten aber doch in größeren Räumen eine Einheit; hier ist die Kanzlei Kaiser Karls IV. (1346 bis 1378) in Prag unter dem Kanzler Johann von Neumarkt zu nennen.

Auf verschiedene Weise entstanden im späten Mittelalter mehrere überlandschaftliche Schriftsprachen.

1. Es bildete sich Mittelniederländisch, die Grundlage des heutigen Niederländischen.

2. Die Kaufleute der Hanse entwickelten eine mittelniederdeutsche Geschäftssprache. Vorbildliche niederdeutsche Stadtrechte wie das von Lübeck haben auch ein sprachliches Beispiel gegeben. Nach dem Niedergang der Hanse wurde auch das Niederdeutsche regressiv. Daß das Niederdeutsche nicht wie das Niederländische eigene Wege gegangen ist, hat u. a. die Reformation verhindert.

3. Um Meißen breitete sich eine Siedlersprache aus, die auf der Mischung verschiedener Siedlermundarten im Kolonialland jenseits der Elbe beruhte. Sie wurde zur *ostmitteldeutschen Durchschnittssprache.*

4. Im Süden förderte Kaiser Maximilian das *Gemeine Deutsch.*

Gutenbergs Erfindung, der Buchdruck, bot eine Möglichkeit, die Sprache zu vereinheitlichen. Das Gedruckte sollte in einem weiten Sprachbereich gelesen und gekauft werden. Der Buchdruck förderte auch die Schulen, und die Schulbildung wirkte wieder vereinheitlichend auf die Sprache zurück.

Grammatiken entstanden. Die Humanisten schätzten die Muttersprache hoch. Dem Humanismus war die Sprache — und auch die Muttersprache — eine „engelhafte Gabe". Der Gedanke von der Nation als einer Gemeinschaft gleicher Zunge tauchte auf. Deutsch faßte in den Wissenschaften Fuß, und Ulrich von Hutten hat das beispielhafte *Ich hab's gewagt!* ausgerufen, als er in den Reformationskämpfen begann, auf deutsch statt auf lateinisch zu schreiben.

3. Neuhochdeutsch

Das Ostmitteldeutsche wurde zur Grundlage des Neuhochdeutschen. Es war die Sprache Martin Luthers. Luther gab den Ausschlag mit seiner Bibelübertragung. Ostmitteldeutsch — auf das er sich stützte — zeigte bereits wesentliche Eigenarten des künftigen Neuhochdeutschen. „Wo liegen denn in Deutschland die wesentlichen Stücke des Nhd. in den Mundarten nebeneinander? Wo sagt man zwar obd. *ich* und nicht md. *ik,* aber doch md. *euch* und nicht westobd. *iuch* oder bair. *enk;* wo aber wieder bair. *haus* und nicht alem. *hus,* und wo *gen* und nicht *gan?*“ — so fragt der Germanist Frings. „In der Pfaffengasse — von Mainz über Würzburg nach Bamberg —, im Mainfränkischen, aus dem schon im 12. Jh. Kolonisten in die Mark Meißen eingeströmt sind. Und als dann das Haus Wettin an Macht gewann, Leipzig das Erbe Nürnbergs antrat, wurde dieses Kolonialreich der Grundstock des Nhd.“ — so interpretiert Schirokauer das Argument von Frings.

Luther hat die Sprachform der Meißner Kanzlei schöpferisch weiterentwickelt. Sein Satzbau ist klarer, sein Wortschatz größer, seine Schreibform einheitlich. Besonders hat er, nach seinem Wort, dem Volk „aufs Maul“ geschaut. Luther wurde der Vater des Neuhochdeutschen. Seine Sprache verbreitete sich mit seiner Lehre. Den Katholiken war beides verhaßt. Besonders der Süden war katholisch und der Luthersprache feindlich, denn er hatte sein eigenes *Gemeines Deutsch.* Es war dem Süden mundgerechter als Luthers Sprache. Der Kampf um die führende Sprache verflocht sich mit religiösen Kämpfen und tobte jahrhundertelang, und erst in der toleranten Aufklärung mahnte 1764 ein Jesuit in Innsbruck: „Was hat immermehr die Glaubenslehre mit dem E zu tun?“ (Luther schrieb *Rede, Seele,* gegenüber oberdeutsch *Red, Seel.*)

In diesen Kämpfen übernahmen die *Sprachgesellschaften* eine vermittelnde Rolle; sie blühten im 17. Jahrhundert. In ihnen verbanden sich Männer des öffentlichen Lebens, der Künste und Wissenschaften aus Liebe zur Sprache, zur Pflege „alter deutscher Aufrichtigkeit“. Voran ging die *Weimarer Fruchtbringende Gesellschaft oder der Palmenorden,* 1617 in Weimar gegründet. Ein bedeutendes Mitglied war Martin Opitz. Sein *Buch von der deutschen Poeterei* gab Richtlinien in der Sprachkunst. Opitz schloß sich Luther an, wies aber auch auf die Sprache der süddeutschen Kanzleien hin.

Sprachgesellschaften blühten auch in Hamburg, Nürnberg und Königsberg. Sie arbeiteten der alamodischen Überfremdung des Deutschen ent-

gegen. Ein Zeitgenosse klagte: „Wenn man eines neusüchtigen Deutsch-
lings Herz öffnet, so fände man fünf Achtel Französisch, ein Achtel
Spanisch. ein Achtel Italienisch und kaum ein Achtel Deutsch." Dem
Hamburger Zesen verdanken wir die Neuschöpfungen *Anschrift* für
Adresse, *Schauspieler* für Acteur, *Mundart* für Dialekt und viele andere.
Harsdörffer in Nürnberg bildete *Briefwechsel* für Correspondence, *Irr-*
garten für Labyrinth, *Lehrart* für Methode. Andere Verdeutschungen
wie *Leichentopf* für *Urne*, *Zitterweh* für *Fieber*, *Jungfernzwinger* für
Nonnenkloster haben sich nicht durchgesetzt.

Während des Entscheidungskampfes um die Hochsprache sahen viele
die rechte Lösung in der Herrschaft der süddeutschen kaiserlichen Kanzlei-
sprache im weltlichen, und der Sprache Luthers in geistlichen Dingen.

In der ersten Hälfte des 18. Jahrhunderts wirkte der einflußreiche
Grammatiker Gottsched für eine erweiterte Luthersprache auch in Süddeutschland. In der zweiten Hälfte des 18. Jahrhunderts durchbrachen
große Dichter die konfessionellen und regionalen Schranken. Die Norddeutschen Klopstock und Claudius und die Süddeutschen Wieland, Schiller und Goethe gebrauchten und bereicherten Luthers Ostmittelhoch-
deutsch. (Allerdings hat auch Goethe gut frankfurterisch im *Faust* gereimt:

> *Ach neige,*
> *Du Schmerzensreiche ...*)

Jacob und Wilhelm Grimm

Seit dem Ende des 18. Jahrhunderts genießt die hochdeutsche Schriftsprache eine gesicherte, allgemeine Geltung.

Im 19. Jahrhundert hat das Schaffen der Germanisten, an ihrer Spitze das Werk der Brüder Grimm, die Kenntnis der deutschen Sprache und die Liebe zu ihr gesteigert. Jacob und Wilhelm Grimm haben das große *Deutsche Wörterbuch* begründet — es ist erst über 100 Jahre nach ihrem Tode abgeschlossen worden. Die *Kinder- und Hausmärchen* der beiden Brüder, Jacobs *Rechtsaltertümer*, *Deutsche Mythologie* und *Deutsche Grammatik* haben die Wissenschaft der Germanistik begründen helfen.

Erst um 1900 wurden die Rechtschreibung durch Konrad *Duden* und die Aussprache durch Theodor *Siebs* allgemein festgelegt.

Durch die Entwicklung des Verkehrs durch Zeitungen und Zeitschriften und das Aufkommen von Radio, Film und Fernsehen verbreitete sich immer mehr ein einheitliches Deutsch in der Rede.

VI. Zur deutschen Sprache der Gegenwart

Das 20. Jahrhundert brachte Vereinfachungen in der Flexion (*dem Mann* statt *dem Manne*), Kurzwörter *(Lkw, Pkw, Ukw)* und einen fortschreitenden Schwund des Genitivs und Konjunktivs. Es brachte andererseits auch eine Vergrößerung des Wortschatzes, namentlich in den Wissenschaften (u. a. in der Physik und Psychologie) und im Sport.

Besonders durch das Amts- und Gelehrtendeutsch drohte eine „Versubstantivierung" der Sprache. Der nominale Stil der Behördensprache (vgl. zur Ausführung bringen — *ausführen;* in Rechnung stellen — *berechnen;* in Vorschlag bringen — *vorschlagen*) läuft gegen den Strich der im Grunde vom Verb bestimmten deutschen Sprache. Dem „Schwergewichtsstil" der Obrigkeit und dem Jargon des Dritten Reiches und seiner Vor-, Mit- und Nachläufer wirkt in der Gegenwart das Werk von Schriftstellern wie Bert Brecht, Wolfgang Borchert, Heinrich Böll und Günter Grass entgegen. Sie greifen auf das gesprochene Deutsch zurück und integrieren es in ihre literarische Sprache. Damit wird die Sprache der deutschen Literatur nach 1945 weitgehend von einer Bereicherung durch Idiomatismen und Formen des gesprochenen Deutsch gekennzeichnet.

Anhang: Sprachliche Kulturgeschichte

I. Kulturelle Sprachverwandtschaft

Neben der genealogischen gibt es eine kulturelle Verwandtschaft der Sprachen. Bis in das 12. Jahrhundert hat das Deutsche stark unter dem

Einfluß des Lateinischen gestanden. Wörter wie *fenestra*, ,Fenster'; *vinum*, ,Wein'; *murus*, ,Mauer' wurden übernommen. Auch die lateinische Syntax beeinflußte die deutsche. Latein beherrschte Kirche und Wissenschaft, und im 10. und 11. Jahrhundert auch die Literatur.

Schon vor der Zeit des Humanismus wurden durch das Lateinische auch griechische Begriffe vermittelt. Aufgrund der arianischen Mission basiert die Kirchensprache zum Teil auf dem Griechischen, wie *Engel*, *Bischof*, *Kirche*, *Pfingsten* oder *Teufel* zeigen. Seit dem Humanismus herrschen griechische Begriffe in der Literatur- und Naturwissenschaft und in der Philosophie vor, während Latein in der Rechtssprache dominiert.

In der höfischen Zeit um 1200 übernahmen die Ritter französische Ausdrücke: *Abenteuer, Lanze, fein.* Besonders in der Alamodezeit nach 1600 wurde das Deutsche stark vom Französischen beeinflußt. Aus dieser Zeit haben sich Wörter erhalten wie *Mode, Möbel, kokett.* Italienisch bestimmte um 1500 die Handelssprache — vgl. *Bank, Konto, Kredit* — und in der Barockzeit die Musik; *Oper, Konzert, Cello, Adagio* geben davon Zeugnis. Damit sind einige wichtige Berührungen des Deutschen mit anderen Sprachen genannt.

Die verschiedenen Formen der Aufnahme von fremden Wörtern soll an einigen vorwiegend englischen Beispielen beobachtet werden:

1. *Das Fremdwort.* Es wirkt undeutsch in Schreibweise und Aussprache: *Beefsteak, Goal, Whisky.*

2. *Das Lehnwort.* Hier wird nicht mehr empfunden, daß es aus einer anderen Sprache kommt: *paddeln, stoppen, Tennis.*

3. *Die Lehnübersetzung.* Es entsprechen sich *maiden-speech — Jungfernrede; folksong — Volkslied; football — Fußball; selfish — selbstisch; to cut someone — einen schneiden.*

4. *Die Bedeutungsentlehnung.* Eine fremde Bedeutung wird auf ein einheimisches Wort übertragen. Ahd. *hella* bezeichnete die germanische Totenwelt, der Ort der Ruhe für die Toten (vgl. *Frau Holle*). Unter christlichem Einfluß wurde ,Hölle' zum Ort der Strafe für die Sünder, *infernum.*

5. *Die Volksetymologie.* Das Volk gibt unverstandenen Fremdwörtern eine neue Form und eine neue Bedeutung, indem es sie willkürlich an ähnlich lautende deutsche Wörter angleicht. Auf diese Weise wurde das ältere norwegische *fjeldfross* zu *Vielfraß* (siehe unten). Eine Umwandlung kann auch geschehen, wenn ein unverstandenes deutsches

Wort z. B. ein niederdeutsches Wort in Süddeutschland, volksetymologisch gedeutet wird. Das Bier aus der norddeutschen Stadt Einbeck wurde im Süddeutschen zu *Bockbier*, weil man die erste Silbe in
Einbeck als unbestimmten Artikel auffaßte und ‚*Beck*‘ — wohl auch
wegen der Stärke des Biers — zu ‚*Bock*‘ umlautete.

6. *Rückwanderer.* Einige deutsche Wörter sind von anderen Sprachen
übernommen worden, haben in ihrer neuen Heimat eine besondere
Bedeutung erhalten und sind mit dieser veränderten Bedeutung ins
Deutsche zurückgewandert. Das langobardische *balko* — ahd. *balko*
‚dickes Holz‘, — ging in das Italienische ein; *balcone* wurde dann im
Französischen zu *balcon*. Aus dem Französischen wanderte das Wort
ins Deutsche zurück. Heute steht im Deutschen neben dem germanischen Wort nhd. *Balken* der Rückwanderer *Balkon*. (Urverwandt mit
Balken sind übrigens *Phalanx* und *Ball, Ballen*. *Ballen* steht wieder
neben dem Rückwanderer *Ballon*.) Andere Rückwanderer sind:
Waggon neben *Wagen*, *Salon* neben *Saal* und auch frankieren, „frei-
machen von Postsachen durch Briefmarken“: Der Stammesname der
Franken wurde in romanischen Sprachen zur Grundlage von Wörtern
wie italienisch *franco*, ‚frei‘ (*il porto e franco*). Frankieren ist dem
italienischen francare nachgebildet. Ausgang ist ‚*Franke*‘, ‚freier
Mann‘.

Die vielfältigen Berührungen zwischen der englischen und der deutschen
Sprache soll eine kurze Liste englischer Wörter im Deutschen ergänzend
andeuten. Die *angelsächsische Mission* im 8. Jahrhundert brachte: *Sonn-
abend, Ostern, Heiland*. Die *Seemannssprache* übernahm im Mittelalter
Boot, Flagge, später auch *Lotse*. Von englischen *Dichtern* wurden über-
nommen: *Elfe, Ballade, sentimental*. Auch aus folgenden Bereichen wurden Begriffe — auf verschiedene Weise — übernommen: *Handel: Safe,
Manager, Trust. Sport: Trainer, Hockey, Golf. Mode: Frack, Smoking,
Pullover, Raglan, fesch* (von *fashionable*). — *Speisen und Getränke:
Beefsteak, Picknick, Pudding, Keks* (von *cakes*), *Sandwich, Toast, Cock-
tail, Whisky, Bar.* — *Technik: Film, Tunnel, Lift, Lokomotive.* — *Politik:
Bill*, Jungfernrede, *Parlament.* — *Zeitungswesen:* Leitartikel (von *leading
article*), *Interview, Layout.* — *Gesellschaftliches Leben: Gentleman*,
Wochenende (von *week-end*), *Flirt*.

Aus dem Amerikanischen kommen: *Cowboy, Rowdy, Western, lyn-
chen, Blues, Jazz, Musical, Star*, Sternchen (Übersetzung von *starlet*),
Teenager und, „*last not least*“, o. k.

A. Schirmer weist darauf hin, „daß diese englischen Lehnwörter — ähnlich wie die römischen Lehnwörter im Germanischen — im wesentlichen Dinge des *materiellen* Lebens bezeichnen".

II. Ausgewählte Etymologien

Eine Untersuchung der kulturellen Sprachverwandtschaft verschiedener Sprachgemeinschaften erlaubt historische Schlüsse.

Die Einflüsse auf das deutsche Sprachgebiet haben stark vom Süden und Westen her gewirkt. Die Einflüsse aus dem Norden und Osten waren geringer; dort hat das Deutsche selbst stärkeren Einfluß gewonnen.

Einige ausgewählte Etymologien sollen abschließend die Vielfalt des lebendigen Austausches zwischen Völkern und Sprachen — d. h. ihre sprachliche Kulturgeschichte — verdeutlichen.

Brav

Die Griechen nannten onomatopoetisch die Ausländer, deren Sprache sie nicht verstanden, ‚Barbaren'. Im Lateinischen gewann *barbarus* die Bedeutung *wild*. Über die Vorstellung *tapfer* entwickelte sich im Spanischen *bravo*, im Französischen *brave* und im Englischen *brave*. Im Englischen bedeutet *brave* noch heute *tapfer*, im Deutschen hat sich die Wortbedeutung geändert. Valentin in Goethes *Faust* stirbt allerdings noch „als Soldat und brav".

Heute ist aber *brav* im Deutschen ‚(zu) gut' oder ‚artig'. Der Zuruf *bravo!* ist dagegen Ausdruck begeisterter Zustimmung.

Kaffee

Eine Fülle arabischer Wörter ist im Deutschen heimisch geworden, u. a. *Algebra, Alkohol, Matratze.* Eines der häufigsten ist *Kaffee.* Mohammed verbot den Wein. Vor diesem Verbot bezeichnete arabisch ‚qahwa' den Wein, danach ein anderes beliebtes Getränk, den *Kaffee.* Die Türken verbreiteten Sache und Wort. *Café* (neben oberdeutsch, besonders österreichisch: Kaffeehaus), kam über das Französische ins Deutsche. Eine besondere Kaffeesorte, *Mokka,* trägt den Namen der Stadt Mocha am Roten Meer, einem Ausfuhrhafen des arabischen Kaffees.

Kapelle

Die Tarn*kappe* Siegfrieds im *Nibelungenlied* bezeichnet keine Kappe oder Mütze, sondern einen Mantel. — Der heilige Martin teilte seinen Mantel, lateinisch *cappa,* mit einem Bettler. Der Mantel, zweigeteilt, hieß *capella* in einer Diminutivform. Martin war besonders den Merowingern heilig. Die Kirche in Tours, in der sie diese Martinsreliquie verehrten, hieß — pars pro toto — auch *capella*. Kapelle erweiterte sich später zu der Bedeutung ‚kleine Kirche‘. Verwandt mit *Kapelle* sind *Kaplan, Cape, Käppi, Kapuze* und *verkappt*. Im Italienischen bezeichnete das Wort *capella* Musiker in einer Kirche. *Kapelle* ist deshalb auch eine Gruppe von Musikern; *a capella* bedeutet Gesang ohne Musikbegleitung.

Kobalt

Den Wert des Kobalts hat man erst im 17. Jahrhundert erkannt. Bis dahin hielten die Bergleute das Mineral für wertlos. Sie glaubten, ein „Berggeist“ habe ihnen das wertlose Metall vorgesetzt, um sie zu narren. Solche Berggeister hießen *Kobolde*. Der Name *Kobold* wurde auf das Mineral übertragen. Auch *Nickel* hat seinen Namen von enttäuschten Bergleuten, die das Metall, das ihnen wertlos erschien, nach dem Vornamen ‚Nikolaus‘ benannten. Häufige Vornamen bezeichnen oft einen Menschen, den man schelten will (vgl. von Hans: *Hanswurst* und *hänseln*).

Wie Kobalt sind noch viele Wörter für Steine und Mineralien vom Deutschen in andere Sprachen gewandert. Die Beobachtung des englischen Etymologen Walter W. Skeat, daß nur eine geringe Zahl von Wörtern, fast ausschließlich von Mineralien, in die englische Sprache Eingang gefunden habe, läßt sich kaum aufrecht halten.

Lesen

Trauben*lese*, Spät*lese*, Beeren*lesen* weisen auf die ursprüngliche Bedeutung des Wortes hin: ‚aufheben‘. Die Germanen ritzten ihre Schriftzeichen, Runen, auf Stäbchen aus Buchenholz, und nannten sie *Buchstaben*. Durch Aufheben von solchen Buchstaben deutete der germanische Stammespriester oder pater familias die Zukunft. Tacitus schreibt, daß man bei den Germanen dreimal hintereinander eins der Stäbchen auflese und daraus die Zukunft deute. Wie *Buch, Buchstabe* und *Stabreim* ist *lesen* ein germanisches Wort. *Legende, Lektion, Lektüre* wurden, wie Tafel, Stiel und Stil, jedoch aus dem Lateinischen übernommen.

Marschall

Die *Mähre* ist ein schlechtes Pferd. Ahd. *mara* bedeutete noch allgemein ‚Pferd‘. *Schalk* (m.) ist im gegenwärtigen Deutsch eine ‚freundliche Schelte‘; in anderen germanischen Sprachen hat ‚*skalk*‘ noch die Bedeutung ‚Knecht‘. Aus beiden Wörtern entstand die althochdeutsche Zusammensetzung *marahscalk*, ‚Pferdeknecht'. Im Französischen wurde das Wort gehoben: *maréchal; Marschall* kam als Rückwanderer wieder ins Deutsche.

Pfirsich

Wie bei *Apfelsine* bezeichnet auch das Wort *Pfirsich* das Herkunftsland der Sache. Apfelsine ist ‚Apfel aus China'. *Pfirsich* geht zurück auf das Lateinische *malum persicum*, ‚persischer Apfel', wie auch italienisch *pesca*, französisch *pêche* und englisch *peach*.

Punsch

Punsch kommt aus dem Hindostanischen. Das Sanskritwort ‚panca' wird hindostanisch *pantsch*, fünf. Die Engländer lernten in Indien ein Getränk kennen, das nach seinen fünf Bestandteilen (Arrak, Zucker, Zitrone, Tee, Gewürze) im Englischen *punch* benannt wurde. *Punsch* ist aus dem Englischen mit deutscher Schreibaussprache entlehnt.

Tulpe

Dieser Blumenname geht auf das persische Wort für *Turban* zurück. Die Tulpe wurde benannt wegen der Ähnlichkeit ihrer Blüte mit dem Turban. Johann Peter Hebel nennt die Blume in seiner Kalendergeschichte *Kannitverstan*, „*Tulipan*". Diese ältere Form entspricht noch französisch *tulipe*, spanisch *tulipan* und englisch *tulip*.

Vielfraß

Hanse-Kaufleute, die in Norwegen Handel trieben, lernten das norwegische Wort *fjeld fross* kennen (Mittelnorwegisch *fjeld*, Berg; *fross*, Kater). *Volksetymologisch* deuteten aber die Kaufleute *fjeld* und *fross* als ähnlich lautende deutsche Wörter. Sie verstanden *fjeld* als ‚viel' und *fross* verbanden sie mit ‚Fraß' und bildeten das deutsche Wort *Vielfraß*. Heute ist es korrekt, eine Marderart mit diesem Wort zu benennen. Es gibt auch binnendeutsche Volksetymologien wie *Bockbier* (s. o.) oder die Redensart: *Haare auf den Zähnen haben*: eine Xanthippe, eine Frau, die gern streitet, hat *Haare auf den Zähnen*. Diese Redensart ist entstellt aus der älteren ‚*Haare auf den Zehen haben*'. Starker Haarwuchs wurde als Zeichen der Kraft verstanden: Samson verliert seine Kraft, nachdem ihm Delilah die Haare abgeschnitten hat.

HEINZ FISCHER

Erziehung

Bundesrepublik Deutschland

Der Schulbereich mit Grund-, Sekundar- und Hochschulen untersteht
nicht der Bundesregierung, sondern fällt in die Kulturhoheit der Länder.
Daher ergeben sich Abweichungen von Land zu Land. Das folgende
Erziehungsbild ist am Bildungswesen des Landes Bayern orientiert. Wesentliche Abweichungen in anderen Ländern und in Berlin werden gesondert vermerkt. Da eine Reformbewegung den Aufbau des gesamten Erziehungswesens in Fluß gebracht hat, ist eine in jedem Fall verbindliche
Darstellung derzeit nicht möglich.

I. Kindergarten und Grundschule

Hans besuchte zwanglos den *Kindergarten* bis zum sechsten Lebensjahr. Dann kam für ihn und seine Zwillingsschwester Grete der erste
Schultag. Mit einer großen Tüte voll Zuckerwerk im Arm erschienen sie
in der Grundschule — populär heißt sie *Volksschule* —, die sie von jetzt
an entweder neun oder vier Jahre besuchen werden. Denn nachdem vier
Jahre vergangen sind, müssen die Eltern eine wichtige Entscheidung treffen. Soll Hans ein Handwerk erlernen, etwa Autoschlosserei, oder soll
er beispielsweise Kaufmann werden? Dann kann er weiter die Volksschule besuchen. Wenn er aber einen Beruf ergreifen will, der das Studium
an einer Universität voraussetzt, z. B. Rechtsanwalt oder Arzt, dann hat
für ihn nach vier Jahren die Abschiedsstunde von der Volksschule geschlagen. Um später die Universität besuchen zu können, muß er zu
einem Gymnasium überwechseln.

Grete beendet ihre neun Jahre an der Volksschule, denn sie möchte
Friseuse werden. Wenn sie vierzehn Jahre alt ist, suchen ihre Eltern für
sie eine Lehrstelle. Sie wird bei einem Meister des Friseurhandwerks angestellt. Drei Jahre lang ist sie Lehrling und erlernt gründlich ihren
Beruf. Während dieser drei Jahre besucht sie einen Tag in der Woche die
Berufsschule. Dort vertieft sie ihr theoretisches und praktisches Wissen
über ihr Handwerk. Nach drei Jahren legt Grete ihre Gesellenprüfung

ab und ist dann eine richtige Friseuse. Nach weiteren sieben Jahren kann sie Meisterin werden und selbst Lehrlinge anlernen.

Anzumerken ist noch, daß die Zahl der Pflichtjahre in der Grundschule variiert. In Berlin z. B. sind vor dem Übergang zum Gymnasium sechs Grundschuljahre erforderlich. Ein zehntes Grundschuljahr soll bis 1980 (für alle, die in der Grundschule bleiben) eingeführt werden.

II. Sekundarbereich

Für Hans ist es aber schon im Alter von zehn Jahren die Frage, ob er sich mehr für einen geisteswissenschaftlichen oder naturwissenschaftlichen Beruf interessiert. Danach richtet sich nämlich die Wahl des Gymnasiums. Es gibt sechs Zweige, unter denen das *Humanistische* (oder Altsprachliche) *Gymnasium*, das *Neusprachliche Gymnasium* und das *Mathematisch-Naturwissenschaftliche Gymnasium* eine ältere Tradition haben. Neuere Formen sind: das *Musische Gymnasium (Deutsches Gymnasium)*, das *Sozialwissenschaftliche* und das *Wirtschaftliche Gymnasium*. Der Lehrplan an diesen Schulen umfaßt 33 Pflichtstunden an fünf bis sechs Tagen der Woche; nachmittags findet kein Unterricht statt. Die Ferien-Zeiten sind von Land zu Land verschieden. Sie werden von den Kultusministern koordiniert. Es gibt im allgemeinen ein bis zwei Wochen Ferien an Ostern, Pfingsten und Weihnachten. Die Sommerferien dauern sechs Wochen und liegen in der Regel im Juli und August. Wenn Hans einmal sein Gymnasium gewählt hat, bleibt ihm weiter nicht viel zu wählen übrig. Der Stundenplan steht fest. Am *Humanistischen Gymnasium* lernt er neun Jahre Latein und fünf Jahre Griechisch mit je sechs Wochenstunden im Durchschnitt, Deutsch neun Jahre und Mathematik acht Jahre mit durchschnittlich vier Wochenstunden. Fünf Jahre lernt er Englisch (drei bis vier Stunden in der Woche). Daneben stehen auf dem Lehrplan Geschichte, Physik, Biologie, Chemie, Geographie, Kunst- und Leibeserziehung, Musik und Religionslehre und in den höheren Klassen auch Sozialkunde. Zusätzlich kann Hans noch Sprachen wie Französisch oder Hebräisch wählen, aber auch Instrumentalmusik oder Kurzschrift — wenn er dazu Zeit findet. Denn für seine Pflichtstunden muß er jede Woche noch über zwanzig Stunden Hausarbeit machen.

Der Stundenplan des *Naturwissenschaftlichen Gymnasiums* umfaßt fünf Jahre Chemie. Englisch und Französisch sind Pflichtfächer. Latein kann gewählt werden. Griechisch entfällt. Die Wahlfächer umfassen, zusätzlich zu denen am Humanistischen Gymnasium, noch besondere naturwissenschaftliche und mathematische Übungen. Das *Neusprachliche Gymnasium* steht dem Humanistischen nahe. Am Neusprachlichen Gymnasium werden Latein und zwei moderne Fremdsprachen, im allgemeinen Englisch und Französisch (in beliebiger Reihenfolge) unterrichtet. Auf Griechisch wird verzichtet.

Zusammen mit Hans haben viele Jungen und Mädchen an einem mehrtägigen Probeunterricht teilgenommen. Am Anfang bilden dann vierzig bis fünfzig Schüler, denen der Übertritt ins Gymnasium gestattet wurde, eine Klasse.

Da die Anforderungen groß sind, bleiben jedes Jahr einige Schüler „sitzen". Das heißt, sie müssen das gleiche Schuljahr wiederholen. Es gibt die Noten 1 = *sehr gut* bis 6 = *ungenügend*. Es kann schon eine „Sechs" in einem Hauptfach, das sind besonders die sprachlichen bzw. naturwissenschaftlichen Fächer, zum „Durchfallen" genügen. Dadurch und durch freiwilligen Abgang von der Schule schmilzt Hans' Klasse mehr und mehr zusammen.

Einige verlassen auch nach dem sechsten Gymnasialjahr die Schule mit der „Mittleren Reife", die für einige Berufe genügt. Eine Mittlere Reife hat auch der Realschüler, der eine *Realschule* vom zwölften bis zum sechzehnten Lebensjahr besucht. Die Schüler treten zu diesem neuen Schultyp in der Regel nach sechs Volksschulklassen über.

Der Realschulunterricht ist mehr „berufs-" als „bildungsbezogen". Die Entwicklung der Realschule ist in den Bundesländern unterschiedlich. 1968 kam in Rheinland-Pfalz auf zwei Gymnasiasten ein Realschüler; in Schleswig-Holstein gab es einige Realschüler mehr, in Berlin einige weniger als Gymnasiasten. 1973 hat die Realschule im Bundesdurchschnitt — was Schülerzahl angeht — die Bedeutung des Gymnasiums erreicht. Mit der Realschule wurde ein zweiter Bildungsweg geschaffen, dessen Absolventen gehobenen beruflichen Anforderungen (etwa in der Industrie, bei Banken, in der Verwaltung) genügen. Die Realschule gilt auch als Vorbereitung für höhere Fachausbildung, z. B. an einem Polytechnikum. Zu einer Fachhochschule wie dem Polytechnikum führen neuerdings auch Fachgymnasien mit berufsbezogenem Lehrplan.

Hinzuweisen ist hier noch auf eine Neuordnung des „Sekundarbereichs", der auf eine „Gesamtschule" abzielt. Demnach werden die Bildungsinstitutionen nicht länger separiert gegliedert, sondern möglichst stark integriert. Beispielsweise bestehen — etwa unter einem Dach in einer Schulanlage — nebeneinander die Klassen 5—9 der bisherigen

Grundschule als „Hauptschule" bzw. „Gymnasium" unter der gemeinsamen Bezeichnung „Sekundarstufe I". Die „Sekundarstufe II" umgreift die Klassen 10—13 des Gymnasiums. In dieser Sekundarstufe II zeichnet sich eine Auflösung der herkömmlichen „Klassenverbände" ab, die durch ein Kurssystem ersetzt werden. Dieses — die Begrenzung einer festgefügten Schulklasse übersteigende, durchlässige — Kurssystem bietet dem Schüler größere Freiheit in der Auswahl von Kursthemen.

Hans behauptet sich in seinem Gymnasium und rückt jährlich eine Klasse vor. Neun Klasen muß er durchlaufen haben, bevor er den Studiengang der Höheren Schule mit dem Abitur abschließt. Das Abitur ist eine Prüfung in den Hauptfächern des Gymnasiums. Nur wenn er sie besteht, kann er an einer Universität zugelassen werden.

III. Hochschulbereich

1. Universitätsstruktur

Hans hat das Abitur bestanden und hat gezeigt, daß er zum Studium an einer *Universität* reif ist. Welche soll er wählen? (Jedoch ist die Freiheit der Wahl heute fast illusorisch; das Gespenst des Numerus clausus geht um, und das Abitur ist kein sicherer Schlüssel zu einem Hochschulstudium!) Es gibt — mit Technischen Universitäten — in der Bundesrepublik über dreißig Universitäten. Sie haben im Durchschnitt 10 000 Hörer. Die größte in München zählt 25 000 Hörer. Die älteste Universität ist die Heidelberger. Sie wurde 1386 gegründet. Andere berühmte Universitäten sind u. a. die von Göttingen, Tübingen oder Marburg.

Hans möchte Anglistik und Germanistik studieren. Deshalb kommt für ihn nur die Universität in Frage. Das wäre anders, wenn er sich beispielsweise für Architektur entschieden hätte. Die Universität pflegt die reine Wissenschaft. Im Gegensatz dazu werden praktische Fächer (aus dem Ingenieurwesen, der Wirtschaft, Kunst u. a.) an besonderen Hochschulen gelehrt. Bei den Naturwissenschaften ist eine saubere Trennung zwischen reiner und angewandter Wissenschaft, zwischen Theorie und Praxis nicht möglich.

Die spezialisierten *Hochschulen* befassen sich nur mit einem Wissensgebiet wie Musik (Musikhochschule), Malerei (Kunstakademie) oder Sport (Sportakademie). Die *Technische Universität* (TU) befaßt sich jedoch mit den meisten angewandten Naturwissenschaften und mit ihren theoretischen Voraussetzungen. Die *Pädagogische Hochschule* (PH) bildet Lehrer für die Volksschulen aus; allerdings ist die PH in den Rahmen der Universität integriert.

Das akademische Niveau ist bei allen Universitäten gleich hoch. Das kommt daher, daß alle Universitäten staatlich sind, daß es nicht viele Universitäten gibt, und daß die Professoren an allen Universitäten bewährte Wissenschaftler sind. Es wird an einer Universität nichts gelehrt, was Hans schon im Gymnasium hätte lernen können, wie Algebra oder elementare englische Grammatik. Hans kann aber mit einer ungewöhnlichen Sprache wie Schwedisch oder Japanisch beginnen.

Das folgende Bild eines Studiengangs an einer deutschen Universität mag (erfreulicherweise) nun in manchem nicht mehr gelten, ist aber als Hintergrund gegenwärtiger Reformbestrebungen (s. „Studienreform") — trotz bereits erzielter Erfolge — doch noch von Bedeutung:

Wenn Hans jetzt die Universität München wählt, dann tut er das nicht, weil sie besser als andere wäre, sondern wegen des Kulturlebens der Stadt und vielleicht, weil ihn ein bestimmter Professor besonders anzieht. Denn das Universitätsleben konzentriert sich in Deutschland mehr um den Professor als etwa an angelsächsischen Universitäten. Für jeden Zweig der Wissenschaft beruft die Universität (im allgemeinen) nur einen Professor. Er ist von einigen Außerordentlichen Professoren und Privatdozenten umgeben. Wer einmal zu der Würde eines Professors aufsteigen will, muß nach der Promotion zum Doktor seiner Fakultät eine weitere wissenschaftliche Arbeit vorlegen und sich damit habilitieren. Dadurch wird er Privatdozent und hat das Recht, Vorlesungen zu halten. Wenn er sich bewährt, kann er einmal den ehrenvollen Ruf zum Professor erhalten. (Allerdings sieht ein neues Hochschulgesetz vor, daß wissenschaftliche Veröffentlichungen die Habilitation ersetzen können.)

Mit vielen Studenten, vielleicht einigen hundert, — es gibt keine begrenzten Klassen —, geht nun Hans zum erstenmal in einen Hörsaal. Mit lautem Klopfen auf die Bänke begrüßen die Studenten den Professor. Er geht zum Katheder und beginnt zu lesen. Nie wird er eine Frage an einen Hörer stellen, nie wird ein Student eine Frage an ihn stellen. Die Vorlesung wird kritisch angehört. Zur Zustimmung klopfen die Studenten, bei Widerspruch scharren sie kräftig mit den Füßen.

Die Universität verwaltet sich selbst und wählt ihren Rektor im Turnus jeweils aus einer anderen Fakultät. — Von allen Professoren wird erwartet, daß sie nicht nur Vorlesungen halten, sondern auch selbständig weiterforschen. Es herrschen Lehr- und Lernfreiheit; das heißt, der Professor liest über ein Thema, das ihn interessiert (gewöhnlich ein Gebiet seiner eigenen Forschung — er gibt deshalb kaum Überblickskurse!), und der Student hört, wann und wo er will. Das wissenschaftliche Gespräch wird in den Seminaren geführt. Hans hat während seines Studiums ungefähr zwölf Seminare zu besuchen und Referate zu schreiben. Da auch diese Übungen stark belegt sind, lernen sich Professor und Student allerdings kaum kennen.

2. Akademische Freiheit und Studienreform

Ein Zwang, bestimmte Vorlesungen zu hören oder gar regelmäßig zu hören, besteht weithin an deutschen Universitäten nicht. Jeder Student kann sich seinen Stundenplan zusammenstellen, wie er will; niemand wird ihn offiziell beraten. Er hat nur die Pflicht, zwölf Wochenstunden zu belegen, aber nicht zu hören. Das Studienjahr ist in zwei Semester aufgeteilt: das Wintersemester dauert vier Monate von Mitte Oktober bis Ende Februar; das Sommersemester drei Monate von Mitte April bis Mitte Juli. Hans hat also auch das Jahr über reichlich Ferien. Während der Vorlesungen gibt es für Hans keine „Hausaufgaben". Der Professor regt nur zum Studium an. Die Vorlesungen werden auch nicht am Ende des Semesters mit einer Prüfung abgeschlossen. Erst wenn der Student sein Studium beendet hat, muß er sich einem großen Examen unterziehen.

Hans hat also alle akademische Freiheit. Aber es wird von ihm erwartet, daß er von dieser Freiheit einen ernsten Gebrauch macht und sich gründlich in seine Fächer vertieft. Allerdings wird diese Form der akademischen Freiheit — Freiheit von Prüfungen — derzeit abgebaut; einige Zwischenprüfungen werden heute obligatorisch. Eine Zwischenstufe wie *Bachelor* gibt es nicht (vielleicht entspricht das Abitur am ehesten dem angelsächsischen Bachelor).

Die vorangegangene Darstellung ist als Bild des Hintergrundes, vor dem sich die gegenwärtige Studienreform abspielt, von Interesse. Sie trifft aber, wie gesagt, in manchem nicht mehr zu. Denn angesichts der Entwicklung der Wissenschaften in unserem Jahrhundert, angesichts der Überfüllung der Universitäten (obwohl beispielsweise 1966 nur 708 von 100 000 Einwohnern der Bundesrepublik eine Universität oder andere wissenschaftliche Hochschule besuchten) und angesichts der Spannung zwischen der alten akademischen Freiheit und neuen Anforderungen an die Studenten ist eine umfassende Studienreform im Gange.

Der traditionelle Universitätstypus wird als Humboldtsche Universität bezeichnet. Wilhelm von Humboldt (1767—1835) forderte im frühen 19. Jahrhundert eine akademische Lehr- und Lernfreiheit, in der Professoren und Studenten gleichberechtigt, beide als Suchende, neben- und miteinander forschten.

Im 20. Jahrhundert kam der Ordinarius mit der großen Zahl seiner Studenten nicht mehr zurecht. Der Student wurde zwangsläufig zu einem Rädchen im Maschinismus der Universität degradiert. Kaum kannte der allgewaltige Ordinarius seinen Namen.

Um die Freiheit des Lernenden (und, aus Zeitmangel, auch des Lehrenden) war es jetzt auch immer schlechter bestellt. Der Staat verlangte am Ende des Studiums minutiöse Kenntnisse im gesamten Fachgebiet von den Kandidaten, die sich öffentlich betätigen wollten — und das waren die meisten; sie wollten als Ärzte, Rechtsanwälte, Apotheker praktizieren.

Der Student konnte seine Freiheit nicht wirklich nutzen, sondern mußte auf seine Examina hin „büffeln". Immer noch wurde aber seine Freiheit betont und ihm konsequenterweise kaum ein Rat für seinen Studiengang erteilt.

So konnte es nicht weitergehen (kam es doch vor, daß Ordinarien die Prüfungsaufgaben ihrer Studenten manchmal länger als ein Jahr nicht beurteilten). Ein neuer Universitätstypus, weithin nach angelsächsischem Vorbild, wird geschaffen.

Die Universität beruft nicht mehr — wie noch bis vor wenigen Jahren üblich — nur einen Professor als Ordinarius für ein Studienfach. Je nach der Zahl der Studenten in einem Fachgebiet werden mehrere Ordinarien nebeneinander berufen. Die Ordinarien sind von Außerplanmäßigen Professoren, (habilitierten) Wissenschaftlichen Räten und (nichthabilitierten) Akademischen Räten — im sogenannten „Mittelbau" — umgeben. Die Einrichtung von Assistenzprofessuren ist an einigen Universitäten verwirklicht, an vielen anderen noch in der Schwebe.

Es muß eingeräumt werden, daß der Student heute insbesondere mit den Lehrkräften des „Mittelbaus" und mit Assistenten und Tutoren Kontakt findet und sich bei ihnen Rat holen kann.

Auch auf dem Gebiet der Fakultätsstruktur der Universität ist eine Umwandlung im Gange. Zu den vier klassischen Fakultäten der *Theologie, Jurisprudenz, Medizin* und *Philosophie* waren in neuerer Zeit die

Naturwissenschaftliche und die *Staatswissenschaftliche Fakultät* dazugekommen.

Dieser Fakultätsaufbau wird nunmehr als unhomogen empfunden, weil eine Fakultät als Überbau verschiedenartiger Studienbereiche (beispielsweise Physik: Philosophische Fakultät) dienen muß. Deshalb werden jetzt die unorganischen Fakultäten durch kleinere, praktikablere *Fachbereiche* als Funktionseinheiten ersetzt.

An der Spitze vieler Universitäten steht bereits nicht mehr der traditionelle in einjährigem Turnus aus jeweils einer anderen Fakultät gewählte Rektor, sondern ein Präsident, der sechs oder sieben Jahre amtiert.

Im Rahmen der demokratischen Mitverwaltung aller Universitätsangehörigen können nun die Studenten ihren Wünschen Gehör verschaffen und Forderungen verwirklichen.

Neugründungen von Universitäten sind jetzt an der Tagesordnung. Neugründungen der letzten Jahre sind die Universitäten in Augsburg, Bochum, Bremen, Kaiserslautern-Trier, Konstanz, Mannheim und Regensburg. Unter diesen Gründungen ist ein Universitätstyp hervorzuheben, die *Forschungsuniversität*, die besonders begabten Studenten offensteht. Es besteht die Tendenz, an einer Forschungsuniversität die verschiedenen Wissenschaften auf einen Forschungsschwerpunkt hin zu koordinieren, wie z. B. „Lebensforschung" in Konstanz.

Die Universitäten sollen das Recht erhalten, Bummelstudenten vom Studium auszuschließen. Um den Zeitpunkt des Ausschlusses wird aber von den Studenten und vielen Professoren heftig gekämpft, weil die Verkürzung der Studienzeit die akademische Freiheit verringert.

3. Prüfungen

Den Abschluß des Studiums bildet eine wochenlange Prüfung. Es gibt staatliche und akademische Prüfungen. Die meisten Studenten beenden ihr Studium mit einem Staatsexamen. Wer es besteht, als Arzt, Rechtsanwalt, Apotheker gewinnt das Recht, seinen Beruf auszuüben bzw. in den Staatsdienst einzutreten. Im Staatsdienst stehen höhere Beamtenstellen wie Regierungsrat, Richter oder Studienrat offen. In der Regel liegen aber zwischen dem Staatsexamen und der selbständigen Berufsausübung einige Jahre kontrollierter Praxis als Assistenzarzt, Rechtsoder Studienreferendar etc.

Die praktischen Studien werden mit einem Diplom abgeschlossen. Es gibt Diplom-Ingenieure, -Dolmetscher, -Chemiker, -Forstwirte usw.

Ein kleiner Teil der Studenten erwirbt den Doktorgrad, der nach der Fakultät bezeichnet wird: Dr. jur. (Doktor der Rechte), Dr. phil. (Doktor der Philosophie), Dr. rer. nat. (Doktor der Naturwissenschaften). Dr. med. (Doktor der Medizin) sind die Haupttitel. Technische Universitäten haben das Recht, den Dr. Ing. (Doktor der Ingenieurwissenschaften) zu verleihen. Das Doktorat ist, besonders an den großen Universitäten, ein zeitraubendes Studienziel. Deshalb wurde der *Magistergrad* eingeführt, der vor dem Dr. phil. verliehen wird und vielen Studenten genügt.

4. Studentenleben

Da die Individualität der Studenten geachtet, ja erwartet wird, haben sich die Universitäten nie mit dem Privatleben ihrer Hörer befaßt. Es gibt keine *„dormitories"* und im allgemeinen keinen *„Campus"*. Allerdings wurden nach 1945 auch einige Campusuniversitäten geschaffen, beispielsweise in Mainz und Bochum. Die Studenten leben meist privat. Auch die Unterrichtsinstitute (Kliniken, Labors) sind über die Stadt verstreut. Es gibt aber ein Kerngebäude, in dem die meisten Vorlesungen stattfinden. Einige universitätseigene Wohnheime und Speiseräume (Mensen) sind erst in den Nachkriegsjahren entstanden. Sie sollen die Wohnungsnot verringern und billiges Essen bieten.

Nur ein kleiner Teil der Studenten gehört schlagenden oder nichtschlagenden Verbindungen an. Das sind Gruppen, die — unterstützt von den ehemaligen „Burschen" — eine traditionelle Geselligkeit pflegen, oft in farbenreichen Kostümen. Wenn früher diese korporierenden Studenten im Universitätsbild der Öffentlichkeit vorherrschten, dann treten heute politisch stark links engagierte Gruppen — allerdings ebenfalls eine Minderheit — in den Vordergrund.

Musik

Die deutsche Musik ist universal. Man könnte das mehr oder weniger von aller Musik sagen, denn Musik ist eine „Weltsprache"; jedoch gibt es im Bereich der Kunstmusik auch Musik, die heimatgebunden ist und als Widerspiegelung eines bestimmten Kulturkreises auf uns wirkt.

Universalität kennzeichnet die deutsche Musik von der Zeit J. S. Bachs an, und vor allem die Musik der deutschen *Klassik und Romantik*. Diese große Epoche der deutschen Musik bildet zugleich einen Höhepunkt der europäischen Musikgeschichte. Sie kann daher nur im Rahmen der gesamten Musikgeschichte verstanden werden; dieser Höhepunkt der Musik hat als Voraussetzung neben der deutschen auch die gesamte europäische Musikgeschichte.

Die ältesten Zeugnisse germanischer Musik sind Musikinstrumente, Heldenlieder und Berichte römischer Schriftsteller. Die Musik der heidnischen Germanen gehört jedoch zu der Vorgeschichte der deutschen Musik, deren eigentliches Werden mit der Christianisierung der germanischen Welt beginnt. Aus der Berührung des germanischen Gesangs mit dem christlich-liturgischen wuchs das deutsche Kirchenlied. In Anlehnung sowohl an den gregorianischen Gesang als auch an die französische Troubadourkunst entwickelte sich neben dem deutschen Kirchenlied auch ein weltlicher Gesang, der deutsche Minnesang, der besonders um 1200 blühte. Für den Minnesang ist charakteristisch, daß der Dichter zugleich der Sänger war, der sich auf seinem Musikinstrument begleitet hat. Berühmte Minnesänger sind: Walter von der Vogelweide (um 1170—1230) und Wolfram von Eschenbach. Als letzter Minnesänger gilt Oswald von Wolkenstein (etwa 1357—1445).

Der höfische Minnesang wurde vom bürgerlichen Meistersang abgelöst. Städte wie Mainz, Augsburg, Nürnberg, Straßburg, Freiburg und Prag waren Zentren, in denen der Meistersang zwischen 1440 und 1600 besonders gepflegt wurde. Wie der Minnesänger war auch der Meistersinger Dichter und Sänger in einer Person. Der auch aus Wagners *Meistersingern* bekannte Hans Sachs lebte von 1494 bis 1576 in Nürnberg. In Ulm blieb die Meistersinger-Tradition noch bis 1839 erhalten.

In der deutschen Musikgeschichte ist die Tradition der deutschen Orgelmusik, die Mitte des 15. Jahrhunderts beginnt, besonders wichtig. Das aus dem Jahr 1452 stammende Orgelbuch *Fundamentum organisandi* des blinden Organisten in der Sebaldkirche in Nürnberg, Konrad Paumann, wie auch das um 1470 entstandene Buxheimer Orgelbuch sind bedeutende Zeugnisse für die Pflege des Orgelspiels in Deutschland. Auch aus dem 16. Jahrhundert sind wertvolle Quellen auf diesem Gebiet überliefert.

Die Spaltung der Kirche durch Martin Luther (1483—1546) hatte unter anderem auch die Entwicklung der evangelischen Kirchenmusiktradition in Deutschland zur Folge. Im Rahmen dieser Tradition schuf ein hervorragender deutscher Musiker, noch vor J. S. Bach, sein Werk: Heinrich Schütz (1585—1672), der Deutschlands große Musikepoche in der schweren Zeit des Dreißigjährigen Krieges (1618—1648) eröffnete. Er schrieb *Symphoniae sacrae*, Passionen, eine *Auferstehungs-* und *Weihnachtshistorie* und kleine geistliche Konzerte. Von ihm stammte auch die erste deutsche Oper, *Dafne*, die jedoch verloren ist. Gegen Ende des 17. Jahrhunderts treten zwei der bedeutendsten deutschen Musiker-Persönlichkeiten in Erscheinung: Johann Sebastian Bach und Georg Friedrich Händel, beide 1685 geboren.

Händel ging von der italienischen Musik aus und komponierte hauptsächlich Opern. Später wandte er sich dem Oratorium zu. Er hat vorwiegend in England gewirkt.

Dagegen ist Johann Sebastian Bach unmittelbar aus der deutschen protestantischen Kantoren- und Organistentradition herausgewachsen; er stammte aus einer alten Musikerfamilie und wurde 1685 in Eisenach als jüngster Sohn des Hof- und Stadtmusikus Ambrosius Bach geboren.

Seine Musikwerke entstanden zum größten Teil während seines Kirchenamtes als Kantor der Thomaskirche in Leipzig (von 1723 bis zu seinem Todesjahr 1750) und sind eng mit dem protestantischen Gottesdienst verbunden. Leipzig ist bis heute das Zentrum dieser Tradition geblieben. Nach dem Namen der Leipziger Thomaskirche wird der jeweils in dieser Kirche amtierende Kantor „Thomaskantor" genannt.

Die große Tat Bachs, für den die Musik „Zur Ehre Gottes und zur Recreation des Gemütes" da ist, besteht in der Zusammenfassung und Vervollkommnung der jahrhundertealten Musiktradition, und zwar sowohl im Bereich der geistlichen als auch der weltlichen Musik. Bach hinterließ eine Fülle von vokalen und instrumentalen Kompositionen; berühmt sind: *Johannes- und Matthäuspassion; H-Moll-Messe; Weihnachts-*

oratorium; Kunst der Fuge, Musikalisches Opfer; die sechs *Brandenburgischen Konzerte; Goldberg-Variationen,* Orgelwerke und Violinwerke.

In der Zeit Bachs lebte in Hamburg Georg Philipp Telemann (1681—1767), der ein vielseitiges und umfangreiches Werk hinterließ; seine Zeitgenossen schätzten ihn sogar höher als Bach, dessen Größe erst im 19. Jahrhundert voll gewürdigt wurde.

Maßgebend für die deutsche Musik des späteren 18. Jahrhunderts sind die Söhne J. S. Bachs: Carl Philipp Emanuel Bach, der bedeutende Klavierwerke im Zeitstil des Galanten, des Empfindsamen und des „Sturm und Drang" schrieb, Wilhelm Friedemann Bach und Johann Christoph Friedrich Bach; der jüngste Sohn J. S. Bachs, Johann Christian Bach, der das Musikleben in London eine Zeit lang beherrschte, beeinflußte auch Mozart.

Im Laufe des 18. Jahrhunderts sind für das Musikleben in Deutschland die Musikzentren Mannheim, Berlin und Wien wichtig geworden. In Mannheim bildete sich in der Hofkapelle der Kurfürsten Karl Theodor (1742—1799) ein Komponistenkreis, an dessen Spitze der Geigenvirtuose und Komponist Johann Stamitz (1717—1757) stand. In diesem Musikzentrum („Mannheimer Schule") wurde ein neuer Kompositionsstil ausgebildet, der Einfluß auf die Wiener Klassiker gewann. Zur Mannheimer Schule gehören auch Franz Xaver Richter, Ignaz Holzbauer und Karl Stamitz.

Berlin war ebenfalls ein bedeutendes Musikzentrum. In der Hofkapelle Friedrichs II. wirkten Komponisten wie die Brüder Johann Gottlieb und Karl Heinrich Graun, Franz Benda und Carl Philipp Emanuel Bach. In Berlin wurde in dieser Zeit auch die Liedkomposition gepflegt. Zwischen 1750 und 1780 entstand die erste Berliner Liederschule mit Christian Gottfried Krause, Carl Phillip Emanuel Bach und Christian Nefe.

Zu einer zweiten Blüte der Liedkomposition kam es in Berlin etwas später durch Johann Abraham Peter Schulz und Johann Friedrich Zelter. Schulz und Zelter haben zahlreiche Gedichte von Goethe vertont. Zelter war übrigens ein Duzfreund Goethes und wurde von ihm als Komponist geschätzt.

Auf dem Gebiet der Oper führte der aus der Oberpfalz stammende Christoph Willibald Gluck (1714—1787) eine Erneuerung durch. Er straffte die Form der Barockoper und ordnete die Musik dem dramatischen Ausdruck unter. Seine erste Reformoper *Orfeo ed Euridice* entstand 1762 in Wien. Gluck erreichte den Höhepunkt seines Ruhmes vor allem durch die Aufführungen seiner Oper *Iphigénie en Aulide, Armide* und *Iphigénie en Tauride* in Paris.

Gegen Ende des 18. Jahrhunderts wurde Wien das führende Zentrum des deutschen Musiklebens. (Es muß hier bemerkt werden, daß in der deutschen Musikgeschichte Österreich immer mit einbezogen wird, da es zum deutschsprachigen Kulturbereich gehört.) Der Name dieser Stadt ist eng mit den Namen der drei Großen verbunden: Joseph Haydn (1723—1809), Wolfgang Amadeus Mozart (1756—1791) und Ludwig van Beethoven (1770—1827). Man nennt sie die Wiener Klassiker, obwohl keiner von ihnen gebürtiger Wiener war.

Haydns Verdienst liegt in der Gestaltung des klassischen Instrumentalstils; er gab der Symphonie ihre klassische Form, und er ist auch der Schöpfer des Streichquartetts. Seine 77 Streichquartette stehen im Mittelpunkt seines Schaffens. Zu seinen Meisterwerken gehören auch seine beiden Oratorien *Die Schöpfung* und *Die Jahreszeiten*.

Wolfgang Amadeus Mozart, Sohn des Salzburger Hofkomponisten und Musikpädagogen Leopold Mozart, schrieb mit sechs Jahren seine erste

Komposition. Debussy sagte von Mozart: „Er ist die Musik selbst." Innerhalb seines vielseitigen und umfangreichen Werkes, das auf allen Gebieten Höhepunkte aufweist, ist vor allem Mozarts Opernschaffen von besonderer Bedeutung; denn neben seinen italienischen Opern — „*Opere serie*" und „*Opere buffe*" — komponierte er auch deutschsprachige Opern, sogenannte *Singspiele*. *Die Entführung aus dem Serail* und *Die Zauberflöte* verschafften dem deutschen Singspiel, das vor Mozart nur lokale Bedeutung hatte, Weltgeltung.

Mozarts Opern *Figaros Hochzeit* und *Don Giovanni* (1787), seine Symphonien, seine Messen und sein Requiem sind ein kostbares Geschenk an die Menschheit: „Mit seinem Don Juan rückt Mozart in die kleine unsterbliche Schar von Männern ein, deren Namen, deren Werke die Zeit nie vergessen wird . . ." (Kierkegaard).

Beethoven — aus Bonn — ist der Vollender der Wiener Klassik. Sein Schaffen wird in drei Perioden eingeteilt; die Kompositionen der ersten Periode, die bis ungefähr 1802 reicht, stehen unter dem Einfluß Haydns, bei dem Beethoven auch studiert hatte, und Mozarts (die beiden ersten Sinfonien gehören zum Beispiel in Beethovens erste Stilperiode). In den Werken der zweiten Periode (bis etwa 1812) kommt Beethovens Persönlichkeit stark zum Ausdruck. Hierher gehören unter anderem seine Sinfonien von der dritten, der *Eroica*, bis zur achten. In seiner dritten Schaffensperiode entfaltete sich Beethoven immer mehr zum Individualisten; doch bleibt er im Prinzip Klassiker, indem er an den übernommenen musikalischen Formen festhält. Die Werke seiner letzten Periode bilden nicht nur den Höhepunkt seiner Werke, sondern überhaupt der Wiener Klassik. Dazu gehören seine neunte Sinfonie, seine letzten Klaviersonaten (op. 101, 106, 109, 110, 120 und 126), seine fünf letzten Streichquartette (insgesamt schrieb er 16), seine Oper *Fidelio* (von der allerdings die beiden ersten Fassungen in die mittlere Schaffensperiode fallen) und die *Missa solemnis*.

Als Zeitgenosse Beethovens lebte in Wien ganz bescheiden noch ein vierter Großer, der es verdient, neben die Wiener Klassiker gestellt zu werden: Franz Schubert (1797—1828), der Meister des deutschen Liedes. Er schrieb über 600 Lieder, von denen 100 nach Goethes Gedichten komponiert sind. Seine Liederzyklen *Die schöne Müllerin, Die Winterreise* und *Schwanengesang* rechnet man zu seinen Meisterwerken. Das Lied ist jedoch nicht seine einzige Leistung. Er hinterließ auch eine Anzahl von bedeutenden Instrumentalwerken (Sinfonien, Kammermusik).

Beethovens Musik, die primär in der Klassik wurzelt, ist zugleich die Brücke zur Romantik, die das 19. Jahrhundert beherrschte. Dies gilt natürlich viel mehr für Schubert. Schubert und der ausgesprochene Romantiker Robert Schumann (1810—1856) vertreten die deutsche musikalische Romantik am stärksten. Schumann schrieb vier Sinfonien, Kammermusik und Klavierwerke (sehr beliebt ist sein Klavierkonzert in a-moll) und Lieder, unter denen der Zyklus *Dichterliebe* nach Heine besonders hervorzuheben ist.

Zu den Vertretern der deutschen Romantik gehört Carl Maria von Weber (1786—1826). Mit seiner Oper *Der Freischütz* legte er den Grund zur deutschen romantischen Oper. In seiner Oper *Euryanthe* nimmt er das Leitmotiv vorweg, das etwas später von Wagner zum Prinzip erhoben wird. Felix Mendelssohn-Bartholdy (1809—1847), dessen Musik Melodik und Formenreichtum kennzeichnen, belebte das Interesse für J. S. Bachs Musik neu, indem er eine Aufführung von Bachs *Matthäuspassion* veranstaltete. Neben seinen fünf Sinfonien, Kammermusikwerken, Liedern und Oratorien wird sein Violinenkonzert in e-moll von Geigern besonders geschätzt. Der Geiger Louis Spohr (1784—1859) schrieb außer Sinfonien und Oratorien auch Opern, die auf Wagners Chromatik (Musik aus Halbtonschritten) vorausdeuten. Carl Löwe (1796 bis 1869) wurde ein Meister der Ballade. Franz Liszt (1811—1886) ist der Schöpfer der „Sinfonischen Dichtung" (musikalische Wiedergabe eines literarischen Werkes) und gilt als einer der bedeutendsten Vertreter der sogenannten Programmusik in Deutschland. In Weimar, wo er seit 1848 als Hofkapellmeister tätig war, bildete sich ein Schülerkreis um ihn, die „Neudeutsche Schule".

In der zweiten Hälfte des 19. Jahrhunderts steht im Mittelpunkt des deutschen Musiklebens Richard Wagner (1813—1883), der den Lauf der gesamten europäischen Musikentwicklung bestimmte. Sein Gebiet ist die Oper, die er nunmehr „Musikdrama" nennt. Seine Reform sieht ein „Gesamtkunstwerk" vor, das alle Künste unter der Vorherrschaft des Dramas vereinigt. Im Gegensatz zur italienischen *bel canto*-Oper mit ihrer Betonung der Arie verbindet Wagner harmonisch Gesang und Orchester. Dabei spielt das Leitmotiv eine bedeutende Rolle. Wagner dichtete seine Textbücher selbst. Seinen Stoff nimmt er primär aus der germanischen Sage. Die Tetralogie *Der Ring der Nibelungen* besteht aus den Teilen *Rheingold*, *Walküre*, *Siegfried* und *Götterdämmerung*. Daneben stehen die Opern *Der fliegende Holländer, Tannhäuser, Lohen-*

grin, *Die Meistersinger*, *Tristan und Isolde* und *Parsifal*. Wagner hinterließ auch eine Reihe von theoretischen Schriften: *Das Kunstwerk der
Zukunft. Oper und Drama. Religion und Kunst*. In Bewunderung Wagners schrieb Nietzsche *Die Geburt der Tragödie aus dem Geiste der Musik*
und *Richard Wagner in Bayreuth*. Nach seiner Abwendung von Wagner
veröffentlichte Nietzsche jedoch seine polemischen Schriften *Der Fall
Wagner* und *Nietzsche contra Wagner*.

Johannes Brahms (1833—1897) und Anton Bruckner (1824—1896)
schufen, im Gegensatz zu Wagner, Instrumentalmusik. Brahms war ein
Gegner Wagners und blieb in seinem Schaffen fest an die Tradition gebunden. Seine Musik ist lyrisch und kraftvoll. Neben seinen vier Sinfonien, seinen Kammermusikwerken und seinem Violinenkonzert, die immer wieder auf den Konzertprogrammen stehen, gilt auch sein *Deutsches
Requiem* als bedeutendes Werk. Bruckner ist Sinfoniker. Als Orgelspieler
in einer katholischen Kirche war er mit der Tradition der Orgelmusik
vertraut. In seinen neun Sinfonien verbindet er den wuchtigen Orgel-
klang mit der Harmonik Wagners, den er tief verehrte. Bedeutend sind
auch seine Messen und Psalmen.

Gustav Mahler (1860—1911), der als Bruckner-Schüler in Wien begann, schrieb zehn Sinfonien (die zehnte blieb unvollendet), die die
Musikentwicklung im 20. Jahrhundert angeregt haben. Er komponierte
auch Lieder, namentlich die *Kindertotenlieder* nach Gedichten von Rük-
kert. Hugo Wolf (1860—1903), der in Wien auch als Musikkritiker tätig
war, widmete sich hauptsächlich der Liedkomposition. Er schrieb Lieder
zu Gedichten von Mörike, Goethe und Eichendorff. Max Reger (1873
—1916) ging in seinem Werk von seinen Vorbildern Bach und Brahms
aus; allerdings verband er klassizistische Formen mit Wagners Chromatik. Er schrieb Orchesterwerke, Klavierwerke und Lieder. Neben und
in der Nachfolge Wagners komponierten Opern: Peter Cornelius (1824
—1874) — (*Der Barbier von Bagdad*); Engelbert Humperdinck (1854
—1921) — (*Hänsel und Gretel*); Hans Pfitzner (1869—1949) — (*Der
arme Heinrich; Palestrina); und Richard Strauß (1864—1949), dessen
Werk „impressionistische" Züge trägt. Seine Opern *Elektra, Der Rosenkavalier, Ariadne auf Naxos, Die ägyptische Helena* und *Arabella,* für
die Hugo von Hofmannsthal die Libretti schrieb, und *Salome* und *Ca-
priccio* gehören durch ihren reichen Orchesterklang, durch musikalische
Einfälle und farbige Harmonik zum festen Bestand jedes Opernreper-
toires. Sie verbinden Elemente der „Spieloper" und des „Musikdramas".
Sinfonische Dichtungen wie *Don Juan, Tod und Verklärung* und *Till*

Eulenspiegels lustige Streiche machen ihn zum bedeutendsten Vertreter dieser musikalischen Gattung in Deutschland.

Bezeichnend für die Musik des 20. Jahrhunderts in Deutschland wie auch in der übrigen Welt ist eine Vielfalt der musikalischen Strömungen. Während zu Beginn des Jahrhunderts einerseits die sogenannten Spätromantiker wirkten, traten andererseits die „Modernen" auf. In den zwanziger Jahren wurde Wien das Zentrum dieser Tendenzen, wo Arnold Schönberg (1874—1951) seine Zwölftontechnik entwickelte. Diese neue Kompositionstechnik, die in der Öffentlichkeit zunächst vorwiegend abgelehnt wurde, begann sich langsam durchzusetzen. Schönberg schrieb Kammermusik- und Bühnenwerke (die biblische Oper *Moses und Aron*, das Oratorium *Die Jakobsleiter*). Seine beiden Schüler Alban Berg (1885 bis 1935) und Anton Webern (1883—1945) entwickelten die Zwölftontechnik weiter. Alban Berg schuf die Opern *Wozzeck* (nach Georg Büchners Drama *Woyzeck*) und *Lulu* (nach Frank Wedekind). Webern hinterließ neben seiner Instrumentalmusik, die unter den Anhängern der modernen Musik hoch geschätzt wird, auch Vokalwerke (Lieder und Kantaten).

Paul Hindemith (1895—1963) ging in seinem Schaffen andere Wege als die Zwölftonmusiker. Sein Beitrag war entscheidend für die Entwicklung der neuen Musik in Deutschland. In manchen seiner Werke geht Hindemith von der Musik J. S. Bachs und des Barock aus (wie in seiner Oper *Cardillac*). Neben den Opern *Mathis der Maler* und *Die Harmonie der Welt* schrieb er eine Reihe von bedeutenden Instrumentalwerken. Der Komponist Carl Orff (geb. 1895) greift auf antike und mittelalterliche Themen und Texte zurück, die er durch Klangregie bühnenwirksam macht. Bekannt sind seine *Carmina Burana*, *Catulli Carmina* und *Antigone*. Orffs Schüler Werner Egk (geb. 1901) ist Opernkomponist *(Die Zaubergeige, Der Revisor)*. Wolfgang Fortner (geb. 1907) begann als Neoklassiker und gelangte zur Zwölftontechnik; er komponierte die lyrische Tragödie *Bluthochzeit* nach Federico Garcia Lorca. Karl Amadeus Hartmann (1905—1963) schuf — nach seiner Oper *Simplizissimus,* die auf Grimmelshausen zurückgeht — sieben Sinfonien. (Er war auch der Gründer und Leiter der Musica-viva-Konzerte in München, die die moderne Musik förderten.) Boris Blachers (geb. 1903) *Abstrakte Oper Nummer 1* gilt innerhalb der modernen Bühnenmusik als Einzelfall. Neben seinen Opern schrieb er Orchesterwerke, Chorwerke, Ballettmusik.

In der Nachkriegszeit ist am Musikleben Deutschlands eine Reihe von jungen deutschen Komponisten aktiv beteiligt. Namhaft sind Hans Werner Henze (geb. 1926) und Karlheinz Stockhausen (geb. 1928). Henze ging in seiner Musik von Hindemith und Strawinsky aus, und entwickelte im Bereich der Zwölftontechnik dann einen eigenen Stil. Er schrieb die Opern *Ein Landarzt* (nach Kafka) und *König Hirsch*, außerdem Ballettmusik und Kammermusik. Karlheinz Stockhausen schreibt vorwiegend elektronische Musik. Sein *Gesang der Jünglinge im Feuerofen* wirkte beispielhaft. Bei seinen *Gruppen* für drei Orchester (1957) werden drei Instrumentalgruppen an verschiedene Seiten des Konzertsaales gestellt, wodurch das Klangerlebnis im Publikum neue Dimensionen gewinnt.

Wie in der Musik bis zum 18. Jahrhundert, kann man auch in unserer Zeit das Schaffen der deutschen vom Schaffen der ausländischen Komponisten nicht mehr ohne weiteres trennen. Die Musik der deutschen Komponisten hat sich von der ausdrücklichen Fortsetzung der spezifisch deutschen Tradition immer mehr entfernt und einen übernationalen Charakter angenommen. Voraussagen über die künftige Entwicklung lassen sich nicht machen. Eines aber ist sicher, daß die Fortschritte in Naturwissenschaft und Technik immer mehr auch auf die Musik Einfluß gewinnen werden (z. B. elektronische Musik) und daß damit ein Grundzug der deutschen Musik, die Innerlichkeit (ein Wort, das sich nicht übersetzen läßt), allmählich zurückgedrängt wird.

WOLFGANG BOTTENBERG

Das deutsche Volkslied

Erst seit dem Sturm und Drang und der Romantik wurde man sich in Deutschland des Wertes seiner Volkslied-Tradition bewußt. Selbst der Begriff „Volkslied" stammt aus dieser Zeit; er wurde unter dem Einfluß von Bischof Thomas Percy 1773 von J. G. Herder geprägt, der auch Volkslieder sammelte und 1777—79 die Anthologie *Stimmen der Völker* veröffentlichte. Vorher sprach man von Gassenhauern, Villanellen oder dergleichen. Ähnlich wie sich erst langsam seit dem 19. Jahrhundert eine immer schärfer werdende Trennung zwischen „Kunst"- und „Unterhaltungs"-musik entwickelte, trennte man Musik, die von bekannten Komponisten stammte, von solcher, die anonym „aus dem Volke" entstanden war.

Dabei sind durchaus nicht alle Volkslieder anonym aus dem Volk gekommen (oder, wie man in der Romantik dachte, in Urzeugung aus der genialen Volksgesamtheit entstanden). Viele Volkslieder haben ihren Ursprung in der Kunstmusik. Das ist schon der Fall in mittelalterlichen Volksliedern, die oft unmittelbar vom gregorianischen Choral abstammen (wie z. B. das bekannte Osterlied „Christ ist erstanden", das enge Anklänge an die Ostersequenz *Victimae paschali laudes* erkennen läßt) oder die vereinfachte Minnesänger-Melodien sind. Ein bekanntes Beispiel dafür, wie ein Kunstlied in den Volksliedbereich heruntersteigen kann, ist Schuberts Lied „Am Brunnen vor dem Tore". In Schuberts Fassung läßt sich dieses Lied nicht trennen von den anderen Texten der *Winterreise* und von der genialen Begleitung; als Volkslied ist die Melodie vereinfacht und der Text in ein etwas vergoldetes Heimweh umgedeutet.

Daß ein Lied zum Volkslied werden kann, hängt von vielen Faktoren ab. Der Inhalt muß schlicht und einfach sein. Es muß ohne Begleitung stehen können, es muß sich viele Mutationen gefallen lassen ohne seinen wesentlichen Wert zu verlieren, und es muß das Glück haben, daß es von vielen gesungen wird, weil es etwas von den Empfindungen des Volkes widerspiegelt. Das Volkslied muß auch Dauer haben, und das ist es, was es vom Schlager unterscheidet. *Lili Marlen* wurde von Millionen Soldaten im zweiten Weltkrieg immer wieder gesungen und war ständig auf allen Radiosendern zu hören, und doch ist es nicht Volkslied geworden.

Auf der anderen Seite kommt es natürlich auch vor, daß Lieder von unbekannten Musikanten erfunden und durch fahrende Spielleute oder Bänkelsänger verbreitet wurden, und wenn sie dann auf den Dorfstraßen, in Wirtshäusern, bei Hochzeiten und Begräbnissen gesungen werden, dann kann man von einem echten Volkslied sprechen. Wenn eine Melodie solch einer scharfen Auswahl ausgesetzt wurde, dann ist es sehr wahrscheinlich eine gute Melodie, und dann hat sie auch einen Anspruch, ihrerseits befruchtend auf die Kunstmusik einzuwirken. In keinem Land haben Volkslieder so sehr auf die Kunstmusik eingewirkt wie in Deutschland. Das begann mit den schönen Liedsätzen im 15. und 16. Jahrhundert, und ist bis zu großangelegten Instrumentalkompositionen des 20. Jahrhunderts weitergepflegt worden (vgl. die Verwendung des Liedes „Es sungen drei Engel" in Hindemiths Symphonie *Mathis der Maler*).

Eine Geschichte des deutschen Volkslieds kann nur in ganz großen Umrissen gezeichnet werden, weil das Volkslied, im Gegensatz zur individuellen Kunst, sich nicht immer genau in seinem Ursprung festlegen läßt, und manchmal erst Jahrhunderte nach seiner Entstehung aufgezeichnet wird. Von dem Singen aus vorchristlicher germanischer Zeit wissen wir fast nichts; wenn es noch melodische Reste aus dieser Zeit gibt, dann wohl am ehesten in Ammenversen und kindlichen Abzählspielen. Die ältesten erhaltenen Volkslieder sind wohl einige unserer Weihnachtslieder, z. B. „Lobt Gott ihr Christen allzugleich", und Wallfahrtslieder wie „In Gottes Namen fahren wir". Die mittelalterlichen deutschen Volkslieder unterscheiden sich von denen der Franzosen und Italiener durch ihren schwerfälligeren Rhythmus; sie sind fast alle im langsamen Vier-Viertel-Takt. Sie sind selten, wie man erwarten sollte, modal, sondern fast immer in Dur, aber sie haben nicht die harmonischen Intervalle sondern eine einfache Stufenmelodik. Ein gutes Beispiel ist das Weihnachtslied „Vom Himmel hoch".

Zu den frühesten Sammlungen deutscher Volkslieder gehören das *Lochamer Liederbuch* (1460) und das *Glogauer Liederbuch*, in denen viele polyphone Liedsätze aus dem 15. Jahrhundert enthalten sind. Die meisten dieser Lieder sind heute nicht mehr allgemein bekannt, aber einige haben die Jahrhunderte überlebt, z. B. „Nun bitten wir den heiligen Geist". Hier treffen wir auch zum ersten Mal auf einen musikalischen Stil, in dem sich die deutsche Musik von der dominierenden flämischen und französischen Musik unterscheidet. Große Meister der Polyphonie haben dann den „Liedsatz" zu einer ersten Blüte der deutschen Musik gebracht. Heinrich Isaak, Ludwig Senfl und Heinrich Finck gehören zu den bekanntesten. Manche ihrer polyphonen Kompositionen wurden umgekehrt wieder zum Volkslied, wie z. B. Isaaks „Innsbruck, ich muß dich lassen".

Große Bedeutung für die Erhaltung und Weiterentwicklung des Volksliedes kommt der protestantischen Kirchenmusik zu. Luther, der selbst ein begabter Musiker und Liedkomponist war, wollte im Gottesdienst Musik, die vom Volke verstanden wurde, und es war nichts natürlicher, als daß er zu den bekannten Volksliedern griff. Oft wurden weltlichen Liedern geistliche Texte unterlegt (so wurde z. B. aus dem Liebeslied „Mein Gmüt ist mir verwirret" das kirchliche Lied „Aus tiefer Not schrei ich empor"). Aus dieser Bestrebung entstand der Schatz an Chorälen, der viele mittelalterliche Volkslieder in unsere Zeit überleben ließ. Da man während der Barockzeit scharf zwischen „Gebildeten" und „Ungebildeten" unterschied, konnten wenige Volkslieder in dieser Zeit Boden gewinnen, und umgekehrt wurde aus dem großen Schatz der Meister kaum eine einzige Melodie Volksgut. Wenn Bach dennoch einige Male Volkslieder in seinen Werken aufklingen ließ, in der Bauernkantate oder im *Quodlibet* der Goldberg-Variationen, so war das eigentlich gegen den Stil der Zeit.

Eine grundlegende Änderung in der Melodik zeigte das Volkslied, das während des 18. und 19. Jahrhunderts entstand. Die Melodien verlieren nun ihre kirchentonartliche Kadenzverteilung und ihren schmiegsamen Ausdrucksrhythmus; gebrochene Dreiklänge und eine etwas primitive Marsch- und Tanzrhythmik treten an ihre Stelle. Man vergleiche das mittelalterliche „O Tannenbaum, o Tannenbaum, du hast ein grünes Kleid" mit der Biedermeier-Melodie „O Tannenbaum, o Tannenbaum, wie grün sind deine Blätter". Ein neues Interesse am Volkslied erwacht nun aus der Schicht der frühen gebildeten Romantiker. Herder und Goethe sammeln Texte, während Männer wie Reichardt die Melodien notieren. Die bedeutendste Leistung dieser Zeit ist Brentanos und Arnims Sammlung *Des Knaben Wunderhorn* (1806—08). Viele Volkslieder, die in einer Menge von Mutationen existieren, wurden nun ein für alle Mal festgelegt in einer Form; man sang in gebildeten Kreisen (und, von dort weiter, in der Schule und dann schließlich im ganzen Volk) nicht mehr, was das Volk lehrte, sondern was in *Des Knaben Wunderhorn* gedruckt stand.

Eine späte Blüte der Romantik ist die deutsche Jugendbewegung, vor allem der *Wandervogel*, der im frühen 20. Jahrhundert das Volkslied zur größten musikalischen Inspiration erhob und den *Zupfgeigenhansl*, seine Volksliedsammlung, zu seiner ästhetischen Bibel erhob. Mit der Gründlichkeit moderner ethnologischer Forschung wurden auch inzwischen in allen Gebieten Deutschlands Volkslieder gesammelt, neuerdings auch auf Platten oder Tonbändern aufgenommen. Es ergab sich dabei, daß die deutschen Grenzgebiete und Sprachinseln der fruchtbarste Boden zur Bewahrung des ältesten Volksliedgutes waren. All das kann aber nicht darüber hinwegtrösten, daß kaum noch echte Volkslieder entstehen, höchstens noch im Alpengebiet. Die Industrialisierung hat den Spinnstuben und das Radio hat dem geselligen Beisammensein im Wirtshaus und dem Wirken der Spielleute und Bänkelsänger ein Ende gesetzt. Volkslieder überleben nur noch in der Schule, in Jugendkreisen, in der Kirche und vielleicht unter dem Weihnachtsbaum. Es ist hier wohl ähnlich wie mit religiösen Riten und Festen: Je mehr darüber „geforscht" und geschrieben wird, desto weniger echtes Leben haben sie.

ELSE BETTINA FÖRSTER

Kunst

I. Mittelalter

Warum beginnt eine „Kunstgeschichte Deutschlands" gewöhnlich bei Karl dem Großen (768—814)?

Es gab auf dem Gebiet des heutigen Deutschland Kunst vor dieser Zeit. Im Norden herrschte eine ornamentale Kunst von der vorgeschichtlichen Zeit bis in die Zeit der Völkerwanderung. In die römischen Provinzen — südlich des Mains und westlich des Rheins — war die spätantik-christliche bildliche Kunst gedrungen.

Durch die Völkerwanderung wurde das römische Imperium vernichtet. Nachdem die einzelnen Stämme sich festgesetzt hatten, zeigte sich, daß das „Bild" der antiken Kunst nicht untergegangen war.

Unter Karl dem Großen entstand durch die Verbindung von einheimischer und antiker Kultur eine Kunstform, die die Grundlage für die spätere deutsche Kunst bildete. Sie trägt noch keine nationalen Züge. Die Idee einer „Nova Roma" auf christlicher Basis zeigt sich in der Verbindung von Pfalz *(palatium)* und Kirche in der Residenz Karls des Großen in Aachen. In der *Aachener Pfalzkapelle* lebt der Zentralbau der Spätantike weiter. Er ist aus dem Memorialbau entstanden. Vorbilder fanden sich in Ravenna und Rom.

Der zweite Kirchentypus ist die Basilika („Königshalle"). Dieser Längsbau wurde aus der römischen Profanarchitektur entwickelt und erlaubt die Bewegung der Gläubigen zum Altar hin. Der erste Bau von St. Peter in Rom aus dem 4. Jahrhundert mit erhöhtem Mittelschiff und zwei niederen Seitenschiffen (Definition des Basilika-Typus) war das Vorbild für die frühen deutschen Klosterkirchen in Fulda und Corvey.

Auch die Kleinkunst hielt sich an spätantike Vorbilder. Elfenbeintäfelchen und Buchmalerei folgten römischen und byzantinischen Vorlagen.

Ein neuer Einfluß zeigte sich zuerst in der Buchmalerei durch die Mission der iro-schottischen Mönche auf dem Kontinent. Ihre Kunst setzte

an die Stelle der harmonisch proportionierten antiken Darstellungen des
menschlichen Körpers äußerlich unschöne Gestalten, die von der gleichen
Bewegung wie die schwungvollen Ornamente ergriffen sind.

Die Bilder sind flächig. Die Gestalten zeigen keine Beziehung zum
Raum: Sie haben keine gemeinsame Basis, kein körperliches Volumen. Es
fehlen Zentralperspektive, Licht und Schatten. Eine Kunstgattung fehlt
aus diesem Grunde im frühen Mittelalter ganz: die Vollplastik.

In der *Ottonischen Kunst,* um 900—1050, werden zum ersten Mal
nationale Eigenarten sichtbar. Im Gegensatz zur Kunst der Karolinger-
Zeit unterscheidet sich diese Kunst von der gleichzeitigen übrigen europäischen. Es lassen sich die genannten Elemente der antiken und nordischen Kunst noch erkennen, aber sie sind nicht mehr voneinander zu
trennen: Die Klosterkirche von St. Michael in Hildesheim zeigt statt der
üblichen einförmigen Säulenreihe zwischen dem Mittelschiff und den
Seitenschiffen eine Reihenfolge von zwei Säulen und einem Pfeiler. Die
Wand wird rhythmisch gegliedert. Dynamik tritt an die Stelle der statischen Wiederholung im antiken Bau. Die Reliefs der *Bronze-Tür* des
Bernward von Hildesheim (Zeichnung) geben in stark bewegten Formen
Szenen des Alten und des Neuen Testamentes wieder. Die Empfindungen
werden durch Gesten ausgedrückt. Hände und Kopf des Menschen werden betont. Zunächst wird der Kopf aus der Fläche herausgehoben.

Tür des Bernward von Hildesheim:
Adam und Eva

Zum ersten Mal erscheint in der mittelalterlichen Kunst die voll-plastische Figur. Das früheste uns erhaltene große plastische Bild des Christus am Kreuz, das Gerokreuz aus Köln, stellt den toten Christus dar. Die älteren kleinen Darstellungen zeigten Christus meist lebend am Kreuz.

In St. Georg auf der Insel Reichenau im Bodensee entstanden Wandmalereien mit Szenen aus dem Leben Christi. Wie in der Buchmalerei wird die Majestät Christi hervorgehoben. Besonders ausdrucksvoll sind Gesten und Blick der Figuren. Der Blick ist meist in die Ferne gerichtet, visionär.

Die *Romanische Kunst*, um 1050–1250, ist durch zwei große Bauaufgaben gekennzeichnet. Zahlreiche *Klöster* entstehen durch Ordensgründungen (Zisterzienser, Dominikaner, Franziskaner) und Reformen (Cluny). Mächtige *Dome* werden durch kaiserliche Stiftung gebaut, wie die Dome von Speyer, Mainz und Worms.

Naumburger
Stifterfigur Uta

Diese Dome haben reich gegliederte Baukörper. Die Wände werden durch Stufung und vorgelegte Säulen oder Pfeiler plastisch. In Speyer wird zum ersten Mal die Decke des Mittelschiffes gewölbt. Zur gleichen Zeit treten Monumetalskulpturen an den Portalen auf. Gegen Ende dieser Epoche hat sich die menschliche Figur gegenüber der Architektur weitgehend verselbständigt. Unter dem Einfluß der Kunst Frankreichs waren in Bamberg Gestalten wie die der Maria und Elisabeth entstanden. Der *Bamberger Reiter* stellt einen ritterlichen Menschen dar, der mit fester Haltung und entschlossenem Blick der Welt gegenübersteht. Jetzt können auch Stifter den Platz in Kirchen einnehmen, der vorher nur für sakrale Darstellungen bestimmt war. Im Chor des Domes zu Naumburg finden wir die Stifterfiguren als selbständige, individuell charakterisierte Gestalten. Die *Uta* (Zeichnung) hält mit der rechten Hand ihren Mantelkragen wie zum Schutz gegen den neben ihr stehenden Eckehard. Die Empfindung ist durch eine einfache Geste ausgedrückt.

Diese Skulpturen stehen am Übergang zur *Gotischen Kunst,* um 1250 —1500, deren Anfänge in Frankreich liegen. Auf einer neuen, rationaleren Grundlage entstand die Kunst dieser Epoche. In der Baukunst ist die Geometrie das zugrundeliegende Element. Ihr verdankt der Bau seine Überschaubarkeit und Klarheit. Der gotische Innenraum ist heller als der romanische. Die Wand wird auf das Notwendigste reduziert, das heißt weitgehend auf die Säulen. Kirchenschiff und Apsis werden durch große Fenster dem natürlichen Licht geöffnet, das durch farbige Glasfenster gedämpft ist. Der Turm des Münsters in Freiburg z. B. zeigt einen Helm, der wie Filigran erscheint. Der Bildschmuck — Skulpturen und Glasfenster — folgt einem durchdachten Programm. In der Freiplastik treten neue Themen auf, die die persönliche Empfindung der Menschen ansprechen. Es entsteht die Pietà und die Gruppe des Christus und Johannes.

Nach der Plastik löste sich auch die Malerei von der Architektur. Es entstand das Tafelbild, das *im* Bild Raum darstellen kann.

Tafelbilder werden jetzt auch zur privaten Andacht hergestellt. Die Kunst hat ihre ausschließliche Bindung an Kirche und Herrscher aufgegeben. In den Städten wird die Kultur vom Bürger getragen. Neu sind Bildnisse der Bürger, auch der Künstler, die jetzt aus der mittelalterlichen Anonymität heraustreten. Ausdruck des Bürgerstolzes sind die ersten reichen Bürger- und Rathäuser.

Der Blick richtet sich vom Himmel auf die Erde. In der Malerei beginnen die plastisch gestalteten Figuren Schatten zu werfen. Das Bild des heiligen Christophorus von Konrad Witz zeigt die Brechung eines Stabes im Wasser. Er malte auch zum ersten Mal eine reale Landschaft, den Genfer See, auf dem Genfer Altarbild.

Wir befinden uns mit diesen Darstellungen an der Schwelle zur Neuzeit. Die Gestalten des religiösen Lebens werden in die natürliche Umgebung versetzt. Das Neue wird deutlich, wenn wir diese Bilder mit den früheren Darstellungen vergleichen. Die Figuren erschienen auf neutralem Grund, der die Andeutung einer Stadt oder Landschaft enthielt, oder auf Goldgrund; in jedem Falle bestand keine Beziehung zur irdischen Realität. Sie schienen außerhalb des Irdischen geschaut zu sein, wie sie selbst als Visionäre dargestellt wurden. Gott war äußerst fern und erhaben. Unter seine Macht wurde alles gestellt. Die Kunst und alle menschliche Tätigkeit geschah *„sub specie aeternitatis"*. Der irdische Raum besaß keinen Eigenwert.

Die Entwicklung von der romanischen zur gotischen Bildkunst zeigte, daß die Figuren an Plastizität und Genauigkeit im Detail zunahmen. Sie wurden selbständige Gestalten, die Empfindungen ausdrücken konnten. Auch das Gottesbild hatte sich geändert. „Gott kam den Menschen näher — im Verstand, in der sinnlichen Anschauung und im Gefühl" (Sedlmayr). In dem gleichen Maße, in dem Gott „natürliche" Gestalt annahm, bekam auch die Natur einen eigenen Wert.

Die Beobachtung und Wiedergabe der Natur wurde in der Neuzeit eine der wichtigsten Aufgaben der Kunst.

II. Neuzeit

Die zweite Hälfte des 15. Jahrhunderts bringt einen bedeutenden Einschnitt in der Kunst. Nachdem der Blick einmal auf die Natur gerichtet war, werden jetzt ihre Gesetze erforscht. Die perspektivische Verkürzung des Raumes, die Verteilung von Licht und Schatten, die Proportionen des menschlichen Körpers interessieren die Künstler. Albrecht Dürer, der Hauptvertreter der Kunst der beginnenden Neuzeit, verfaßte theoretische Schriften über diese Frage. Er hatte in Italien, das schon im 13. und 14. Jahrhundert die Kunst und Wissenschaft der Antike wiederentdeckt hatte, die Kunsttheorien der Renaissance aufgenommen.

Seine (sogenannten) *Vier Apostel* zeigen den Evangelisten Markus und die drei Apostel Petrus, Paulus und Johannes. Die Gestalten stehen selbstbewußt. Sie füllen das Bild. Die Mäntel der Figuren folgen dem Gesetz der Schwere; durch ihre Farben gewinnen sie an Ausdruck. Dürer gibt individuelle Gestalten und Gesichter. Johannes (links) und Petrus (dahinter) sehen gemeinsam in das Buch. Der greise, älteste, und der jüngste Vertreter des frühen Christentums sind über die Heilige Schrift gebeugt, von der Umwelt abgesondert. Ganz auf die Umwelt gerichtet sind dagegen Markus (im Hintergrund), der mit festem Blick aus dem Bild schaut, und besonders Paulus (rechts), der mit prüfendem Blick nach vorn sieht. Er hält in der rechten Hand das Schwert. („Es scheint, daß alle Kraft der Wirkung dem Auge des Paulus vorbehalten bleiben ... sollte ... Von solchen Männern ist das Werk der Reformation getan worden. Und nur in solchen männlichen Typen hat Dürer sein Höchstes geben können". — Wölfflin.) Dieses Bild ist kurz nach der Reformation entstanden. Das Christentum begann, sich auf das persönliche Erlebnis des Einzelnen zu stützen — nach dem Vorbild des Paulus. Dürer hatte dieses Gemälde aus eigener Initiative, ohne Auftrag, gemalt. Das zeigt, wie wichtig ihm diese Darstellung gewesen ist. Es ist zugleich ein Aufruf an den Einzelnen: durch die Fähigkeiten des Geistes und Körpers kann sich der individuelle Mensch zu dem „universalen Menschen", dem Ideal der Renaissance, entwickeln.

Auch alles Natürliche wird nun in das religiöse Bild aufgenommen. Der *Isenheimer Altar* des Matthias Grünewald gibt das Leiden Christi am Kreuze mit erschreckender Realität wieder.

Gleichzeitig wird die Natur um ihrer selbst willen dargestellt. Die *Donaulandschaft* Albrecht Altdorfers ist das erste reine Landschaftsbild in Deutschland.

In der Zeit des Buchdrucks mit beweglichen Lettern, die um 1450 begann, gewinnt eine neue Kunstgattung Bedeutung: die Graphik. Holzschnitt und Kupferstich scheinen besonders geeignet, dramatisches Geschehen und Empfindung auszudrücken, wie Dürers Serien der *Passion Christi*, der *Apokalypse* und des *Marienlebens* und der Stich *Ritter, Tod und Teufel* zeigen.

Auch die Plastik hat die Möglichkeit feinster seelischer Differenzierung im Ausdruck gewonnen. Das zeigen die Figuren Tilman Riemenschneiders.

Neben die religiösen Bilder treten jetzt profane Darstellungen von Themen aus der antiken Mythologie. Sie werden im 16. Jahrhundert, in dem in Deutschland erst die Renaissance wirksam wird, immer häufiger. Die *Lukretia* und *Venus und Cupido* von Lukas Cranach sind bekannte Beispiele. Die Porträt-Kunst, die in den Niederlanden besonders ausgebildet wurde, erhält in der Malerei große Bedeutung. Der Ausdruck des Persönlichen ist in dieser Zeit der Emanzipierung des Individuums von höchstem Interesse. Einer der größten Porträtmaler ist Hans Holbein der Jüngere, der am Hofe Heinrichs VIII. in London wirkte. Er porträtierte dort Heinrich VIII., seine Frauen und viele Persönlichkeiten des Hofes.

Zu den Kirchenbauten kommen reiche Profanbauten. Es werden Schlösser und Rathäuser gebaut wie der Ottheinrichsbau des Heidelberger Schlosses und das Augsburger Rathaus des Elias Holl. Sie sind von antiken und italienischen Architektur-Theoretikern beeinflußt. Besonders stark wird der Einfluß Italiens im Süden Deutschlands zur Zeit der Gegenreformation. Die Jesuitenkirche in Rom wird Vorbild von St. Michael in München; St. Michael ist neben dem Salzburger Dom der bedeutendste Kirchenbau der Gegenreformation.

Nach dem Dreißigjährigen Krieg werden Kunst und Wissenschaft wieder von Herrscherhaus und Kirche gefördert. Das Bürgertum spielt jetzt eine geringere Rolle. Im Süden blüht durch italienischen Einfluß die Kunst des Barock auf. Die vornehmsten Aufgaben der Baukunst sind Kirchenbauten und Residenzen. Außerdem entstehen kaiserliche Stifte, die eine Verbindung von Sakral- und Imperialbau darstellen. Die ursprüngliche Einheit von geistlicher und weltlicher Herrschaft ist wiederhergestellt. Irdisches und Überirdisches werden in gleicher Weise verherrlicht. Heilige und Herrscher triumphieren in den großartigen Bildprogrammen. Das Ideal des Barock ist das „Gesamtkunstwerk". Kunst und Wissenschaft bilden eine neue Einheit. Die Grundrisse, die die beiden bekannten Kirchentypen, den Längs- und den Zentralbau, verbinden, setzen große mathematische Kenntnisse voraus. Die Gattungen der Kunst werden vereinigt und können ohne Unterbrechung ineinander übergehen. Ein Beispiel dafür zeigt die Malerei Tiepolos in der von Balthasar Neumann gebauten Residenz in Würzburg: der Fuß einer Nymphe des Deckengemäldes im Kaisersaal wird am Übergang von der Decke zur Wand plastisch. Er stellt die Verbindung zu den plastischen Ornamenten der Wand her. Das Bewußtsein des Raumes umfaßt Kontinente. Das Treppenhaus dieser Residenz schmücken Tiepolos Fresken der Erdteile.

Der Raum wird häufig nach oben erweitert oder geöffnet durch „illusionistische" Malerei. Die scheinbare Durchbrechung des realen Raumes geschieht durch gemalte Kuppeln oder Himmel. Ebenso kann der Raum des Allerheiligsten, die Apsis, besonders hervorgehoben und erhellt werden, wie in der von den Brüdern Asam gebauten und ausgeschmückten Klosterkirche in Weltenburg an der Donau. Das Reiterbild des heiligen Georg, zwischen Kirchenschiff und Apsis wird von hinten beleuchtet. Die große Bedeutung des Künstlers in dieser Zeit läßt die Asam-Büste erkennen, die aus der Höhe dieser Kirche auf das Werk herabschaut.

Auch die Idee einer einheitlich konzipierten Stadtanlage wird im Barock verwirklicht. Sie liegt einer Stadt wie Dresden mit Schloßanlage, Brücke und Bürgerhäusern von Matthäus Daniel Pöppelmann zugrunde.

Im barocken Kunstwerk war noch der Gegensatz von Schwere und Schwerelosigkeit, von Licht und Dunkel als Prinzip erkennbar. Die Rokoko-Kunst, am Ende dieser Epoche, erscheint fast schwerelos und in der Farbe sehr hell. Am bekanntesten sind unter den Profanbauten das Residenztheater in München von François Cuvilliés und die Cuvilliés-Räume in der Münchner Residenz und in Nymphenburg. Zu den bedeutendsten Kirchen dieser Zeit zählt die Wies-Kirche von Dominikus Zimmermann, die in einer Wiese des Voralpenlandes liegt. Das Ende des Rokoko fällt ungefähr mit der französischen Revolution zusammen.

Im 19. Jahrhundert wird der Blick wieder auf die antike Kunst gerichtet. Die klassizistische Kunst entsteht aus einem romantischen Ideal. Aus dem gleichen Grund wendet man sich dem Mittelalter zu und imitiert seine Stile. Dem starken historischen Bewußtsein entspricht die wissenschaftliche Beschäftigung mit der Kunst der Vergangenheit. Sie bildet die Grundlage für die Anwendung verschiedener Baustile. Diese hängen von der Bauaufgabe ab. Die Aufgaben sind sehr vielfältig. Neben die schon bekannten Typen tritt eine Reihe von neuen. Akademien, Universitäten, öffentliche Bibliotheken, Museen dienen der Bildung. Es entstehen Verwaltungs- und Justizgebäude sowie Bauten für Wirtschaft, Handel und Verkehr: Fabriken, Kaufhäuser, Bahnhöfe.

Friedrich von Gärtner entwarf die Ludwigskirche in München in byzantinischen und romanischen Formen. Neben München, das Ludwig I. seine klassizistischen Bauwerke verdankt, zeigt Berlin die meisten Kunstwerke dieses Stils. Der bekannteste Berliner Baumeister des 19. Jahrhunderts ist Karl Friedrich Schinkel. Sein Altes Museum in Berlin gleicht wie das Antikenmuseum Leo von Klenzes in München einem antiken Tempel. Die Kunst hat die Rolle der Religion übernommen.

Der Nutzbau der Wirtschaft und der Industrie wird in Stahl, Glas, Beton ausgeführt. Dabei bleiben die konstruktiven Elemente meist sichtbar. Die Nüchternheit entspricht der Maschine, die in der zweiten Hälfte des 19. Jahrhunderts zur Herrschaft gelangt.

Es beginnt die Restauration antiker Kunstwerke und die Vollendung unvollendeter. Der Kölner Dom wurde erst gegen Ende des 19. Jahrhunderts fertiggestellt.

Charakteristisch wird die Selbständigkeit der einzelnen Kunstgattungen. Malerei und Plastik lösen sich weitgehend von der Architektur. Das Prinzip der Architektur ist die glatte, geschlossene Wand. Wenn Ornamente auftreten, scheinen sie aufgesetzt, nicht organisch verbunden. Die Plastik steht hauptsächlich im Dienst des Denkmals und des Grabmals. In der Walhalla bei Regensburg entsteht ein Bau, der für die Büsten aller großen Männer der deutschen Vergangenheit bestimmt ist. Das Jahrhundert des Historismus hat sich mit diesem der Geschichte gewidmeten Bau selbst ein Denkmal gesetzt.

In der Malerei zeigt sich das romantische Interesse an der Vergangenheit in den großen Zyklen der germanischen Heldensagen von Julius Schnorr von Carolsfeld in der Münchener Residenz, wie auch in den antiken Themen der Malerei von Anselm Feuerbach. Religiöse Themen treten selten auf. Mit ihnen beschäftigen sich hauptsächlich einige deutsche Maler in Rom, die Nazarener, die an die italienische Malerei der Renaissance anknüpfen.

Unter den Malern der Romantik hat Caspar David Friedrich die größte Wirkung gehabt. Seine zahlreichen Landschaftsbilder sind nicht nach der Natur gemalt. Sie sollen kein Abbild der Natur sein, sondern geben die Empfindungen des Künstlers wieder, die sich in einer bestimm-Landschaft spiegeln. Die Menschen seiner Bilder werden oft mit dem Rücken zum Betrachter dargestellt. Sie erscheinen sehr klein gegenüber der Natur und verlieren sich fast in ihr. Es zeigt sich darin die Sehnsucht, die Grenze zwischen dem menschlichen Ich und der Natur aufzuheben, nachdem der Abstand mit dem wachsenden Selbstbewußtsein seit Beginn der Neuzeit immer größer geworden war.

Adolf von Menzel zeigt in der zweiten Hälfte des 19. Jahrhunderts im Bild den Beginn des technischen Zeitalters. Sein *Eisenwalzwerk* (1875) stellt arbeitende Männer und Frauen inmitten von Maschinen vor uns hin. Die Technik ist in der Kunst darstellungswürdig geworden. Mit größter Genauigkeit werden die Einzelheiten wiedergegeben. Die Malerei ist an dem Punkt angelangt, an dem die Fotografie ihre Aufgabe übernehmen könnte.

Dieser Prozeß war in der bildenden Kunst von dem Anfang der Neuzeit bis zu diesem Punkt zu verfolgen. Alle Bereiche des Sichtbaren wurden nach und nach für die Erkenntnis und Darstellung erobert. Der Raum wurde bis ins Detail erforscht. Auf dem bis jetzt gegangenen Weg konnte es für die Kunst keine Möglichkeit des Fortschritts geben.

III. Moderne

Mit dem Durchbruch des französischen Impressionismus in Deutschland gegen Ende des 19. Jahrhunderts wird ein neuer Weg betreten. Zwei Momente sind kennzeichnend für die impressionistische Kunst und die Kunst des 20. Jahrhunderts: 1. Der Raum wird negiert. Die perspektivische Darstellung des Raumes, die Grundlage der Kunst von der beginnenden Neuzeit bis in das Ende des 19. Jahrhunderts, wird aufgegeben. 2. Dem Zeitalter der Naturwissenschaften entspricht die Begründung der Malweise mit der Wiedergabe des realen Sehvorgangs. Punktuelle Aufnahme des Sehbildes und punktuelle Darstellung in der Malerei entsprechen sich. Die bekanntesten Vertreter des Impressionismus in Deutschland sind Max Liebermann, Lovis Corinth und Max Slevogt. Neben dem psychologisch interessanten Portrait werden alltägliche Szenen und Landschaften bevorzugt. Es geht um die Darstellung des *Eindrucks* auf den passiven Beschauer: „Impression". — *Ausdruck* des eigenen Empfindens sind die Bilder der späteren „Expressionisten" Heckel, Kirchner, Nolde, die der Gruppe der *Brücke* angehörten. Noch vor der Jahrhundertwende war aus England ein neuer Einfluß gekommen: Als Gegenbewegung gegen die Starrheit der Architektur des 19. Jahrhunderts wurde im *Jugendstil* eine „Belebung" der Materie versucht. Architektur und Kunstgewerbe erhielten organische Formen. In der Malerei wurde das Irrationale wieder entdeckt, die Naturelemente wurden durch Nymphen und Faune belebt. Der Impressionismus betonte Licht und Farbe bis zur Aufgabe der Kontur. Im Gegensatz dazu entwickelt der Jugendstil eine starke ornamentale Linie, die die verschiedenen Bereiche des Lebens (Pflanze, Tier, Mensch) umschließt. Das Ornament setzt sich zuweilen aus dem Gemälde hinaus bis in den Rahmen hinein fort.

Ganz im Gegensatz zu dieser „organischen" Architektur steht die „geometrische" des Bauhauses. Ihre Elemente sind Kubus, Zylinder und Fläche. Die Zurückführung auf stereometrische Körper entspricht dem Ideal der „Reinheit der Künste", die dem Willen nach Objektivität entspringt. Plastik, Malerei und Ornamente werden vollständig aus der Architektur ausgeschieden. Die bis dahin gültigen Gesetze der Schwerkraft scheinen nicht mehr zu gelten. Der von Ludwig Mies van der Rohe für die Weltausstellung in Barcelona entworfene Pavillon ist mit seinen außerordentlich schlanken Säulen und Glaswänden, auf denen das schwere Dach ruht, charakteristisch für diese Bauweise. Den Idealen des Bauhauses, die durch ihn und Walter Gropius hauptsächlich in den

USA verwirklicht wurden, folgt allgemein die Architektur noch nach der Jahrhundertmitte.

Die Plastik, die bei Wilhelm Lehmbruck und Ernst Barlach an ein natürliches Vorbild gebunden ist, befreit sich noch in den ersten Jahrzehnten des 20. Jahrhunderts von der Gattung des Bildes und des Architektonischen, das heißt, sie wird „ungegenständlich" und scheint den Gesetzen der Schwerkraft nicht mehr unterworfen. Das Streben nach „Reinheit" bringt einfache plastische Körper hervor wie Hans Arps *Stein von einer menschlichen Hand geformt*. Eine Komposition aus eiförmigen Gebilden sind seine *Objekte nach den Gesetzen des Zufalls geordnet*. Dieser Titel zeigt die Verwandtschaft zum Dadaismus in der Literatur, der einen alogischen Zusammenhang von Erscheinungen darzustellen versucht.

An der Grenze zwischen plastischer Kunst und Technik steht die kinetische Kunst. Sie bringt die verborgenen geometrischen Gestaltungskräfte der Natur zur Erscheinung. Nachdem in der Kunst der Neuzeit *der Raum* in die Darstellung einbezogen worden ist, wird jetzt *die Zeit* in die Kunst aufgenommen.

Die Malerei des 20. Jahrhunderts bietet viele Möglichkeiten des Ausdrucks. Allen Kunst-Richtungen ist gemeinsam, daß sie nicht an der Wiedergabe der räumlichen Erscheinung der Natur interessiert sind. Auch in der gegenständlichen Malerei wird die Perspektive nicht mehr berücksichtigt. Nach der Erfahrung des „Außenraumes" wird eine neue Welt entdeckt im „menschlichen Innenraum" und im Kosmos. Der bewußt erlebte Gegensatz zwischen Mensch und Umwelt, der sich in der Zentralperspektive ausdrückte, ist überwunden. Der Künstler fühlt sich als ein Teil der in der Natur wirkenden Kräfte. Er sucht sie zu erfassen und nach ihren Gesetzen zu schaffen wie Picasso: „Ich kopiere die Natur nicht, ich arbeite wie sie." Die Kunst versucht jetzt, „Unsichtbares sichtbar" zu machen. Das Bewußtsein, das in der Neuzeit auf das Sichtbare gelenkt war, hat sich wieder auf das Unsichtbare — und auf das „Unbewußte" — gerichtet. Gegenüber dem Mittelalter aber wird das Irdische als Grundlage anerkannt, über das der Künstler allerdings hinausgeht. Charakteristisch für die gegenwärtige Kunst ist daher „hellwache Intelligenz" bei der Darstellung des „meditativen" Inhalts (Haftmann).

Die Inhalte entstammen allen sichtbaren und unsichtbaren Bereichen, an denen der Mensch teilhat. So kann Max Beckmann die Kunst als Empfindung der eigenen Existenz bezeichnen, und als ihr Ziel: „das Ich zu finden, das ... unsterblich ist."

In diesen Bereichen interessieren den Künstler die Kräfte, die zu den Erscheinungen führen, nicht das sichtbare Produkt; das „Wachsen" und „Blühen" statt „Baum" und „Blume" (Haftmann). Die Kräfte, die Erscheinungen bewirken, werden erkannt und in der Darstellung freigesetzt.

So finden wir bei Lionel Feininger, der dem französischen Kubismus nahestand, die Gegenstände in kristalline, geometrische Formen aufgelöst. Die Kräfte des Organischen, Lebendigen dagegen sucht Klee „im Schoße der Natur, im Urgrund der Schöpfung, wo der geheime Schlüssel zu allem verwahrt liegt". Das Reich der Tiere hat Franz Marc wiederzugeben versucht. Die gleichen Tiere können in verschiedenen Farben erscheinen, denn er malt das Tier nicht, wie wir es sehen, sondern „wie es ist und wie es sich fühlt".

Innerhalb der Künstler-Gruppe des *Blauen Reiters* vollzog sich der Übergang von der gegenständlichen zur „gegenstandslosen" Kunst. Wassily Kandinsky malte 1910 das erste abstrakte Bild. Er soll, obwohl er kein Deutscher ist, hier angeführt werden, weil dieser entscheidende Schritt in Deutschland getan worden ist und an der Geschichte der deutschen Malerei teilhat.

„Gegenstandslos" oder „abstrakt" erscheint die neue Art der Malerei nur gemessen an den Erfahrungen der Außenwelt; sie zeigt „Erfahrungen und Berichte der menschlichen Innenwelt" (Haftmann). Kandinskys *Komposition 4* z.B. erinnert an Musik, an Farbklänge. Die Farben und Formen, die sich — ihren eigenen Gesetzen folgend — anziehen oder abstoßen, sich gegenseitig steigern oder ausgleichen, stellen einen dramatischen Vorgang dar, der der inneren menschlichen Erfahrung entspricht. „So stellt die abstrakte Kunst neben die ‚reale' Welt eine neue, die äußerlich nichts mit der ‚Realität' zu tun hat. Innerlich unterliegt sie den allgemeinen Gesetzen der ‚kosmischen' Welt", schreibt Kandinsky, der die von ihm eingeleitete Richtung auch theoretisch unterbaut hat.

HEINZ FISCHER

Literatur

I. Althochdeutsche Zeit

Die deutsche (d. i. deutschsprachige) Literatur hat — vereinfachend gesprochen — bis jetzt drei Höhepunkte erreicht: die Heldendichtung um 600, die höfische Dichtung um 1200 und die Weimarer Klassik um 1800.

Der erste Gipfel liegt im Nebel verborgen. Wir kennen das Heldenlied fast nur aus seinen Nachwirkungen im Mittelalter. Die Heldendichtung verrät, wie ihre Form, der Stabreim, Kraft und innere Spannung Erhalten ist das tragische *Hildebrandslied*. Es wurde um 600 gedichtet und nach 800 im Kloster Fulda aufgeschrieben. In der Karolinger-Zeit schuf ein sächsischer Mönch den *Heliand*, ein Leben Christi, in Stabreimen.

Durch den Einfluß der Kirche siegte im neunten Jahrhundert der Endreim. Etwa gleichzeitig mit dem sächsischen *Heliand* gestaltete der elsässische Mönch Otfried den *Krist*, eine Darstellung des Lebens Jesu in Endreimen. Im zehnten Jahrhundert verdrängte die lateinische Sprache die deutsche in der Literatur.

Lateinisch sind die Epen der „Ottonischen Renaissance": *Waltharius* (Ende des 10. Jahrhunderts) und *Ruodlieb* (um 1050). Die Nonne Hrotsvith von Gandersheim wetteiferte in der zweiten Hälfte des 10. Jahrhunderts in ihren dialogisierten Legenden mit Terenz. Zwei Jahrhunderte später sangen fahrende Scholaren, die Vaganten, lateinische Venus- und Trinklieder, wie das

> *Meum est propositum*
> *In taberna mori . . .*

des Archipoeta.

II. Mittelhochdeutsche Zeit

1. Frühes Mittelalter

Aus dem frühen Mittelalter ist herzliche und zarte Liebeslyrik erhalten, zunächst als lateinisch-deutsche Mischpoesie:

89

Suavissima nunna / choro miner minna
Resonant odis nunc silvae / nu singant vogela in walde;

auf deutsch dann aus dem 12. Jahrhundert.

Walther von der Vogelweide
Nach der Manessischen Handschrift

Einer Nonne wird das folgende Liebeslied zugeschrieben:

> dû bist mîn, ich bin dîn
> des solt du gewis sîn.
> dû bist beslozzen
> in mînem herzen:
> verlorn ist das slüzzelin:
> dû muost immer darinne sîn.

2. Die mittelhochdeutsche Blütezeit

Unter den Staufern löste sich die Dichtung aus der Herrschaft der Kirche. Die Ritter schufen eine höfische Kultur. Sie feierten die *Minne*. Walther von der Vogelweide führte um 1200 den Minnesang zur Vollendung. Walther kehrte sich auch von der Minne zu der adligen und unerreichbaren Dame ab (hohe Minne) und wandte sich dem einfachen, natürlichen und liebenden Mädchen zu (niedere Minne). *Unter der Linde* ist ein Lied seiner niederen Minne.

> Under der linden
> an der heide,
> dâ unser zweier bette was,
> dâ mugt ir vinden
> schône beide
> gebrochen bluomen unde gras.
> vor dem walde in einem tal,
> tandaradei,
>   schône sanc diu nahtegal.
>
> Ich kam gegangen
> zuo der ouwe:
> dô was mîn friedel komen ê.
> dâ wart ich enpfangen,
> hêre frouwe,
> daz ich bin selic iemer mê.
> kuster mich? wol tûsentstunt:
> tandaradei,
>   seht wie rôt mir ist der munt.
>
> Dô het er gemachet
> alsô rîche
> von bluomen eine bettestat.
> des wirt noch gelachet
> inneclîche,
> kumt iemen an daz selbe pfat.

bî den rôsen er wol mac,
tandaradei,
   merken wâ mirz houbet lac.
Daz er bî mir laege,
wessez iemen
(nu enwelle got!), sô schamt ich mich.
wes er mit mir pflaege,
niemer niemen
bevinde daz, wan er unt ich,
und ein kleinez vogellîn:
tandaradei,
   daz mac wol getriuwe sîn.

Neben der Lyrik blühte die Epik. Hartmann von Aue führte mit *Erec* nach französischen Vorlagen (Chrétien de Troyes) den Artus-Roman und seine keltische Sagenwelt in die deutsche Literatur ein. Hartmanns *Gregorius* und *Armer Heinrich* folgen höfischen Legenden. Sein letztes Werk *Iwein* strahlt wieder abenteuerlich-höfischen Glanz aus. Wolfram von Eschenbach dichtete den ‚Entwicklungsroman‘ des jungen *Parzival* zum Ritter und Gralskönig. Am Ende des höfischen Epik steht Gottfried von Straßburgs graziöses episches Liebesgedicht *Tristan und Isolde*.

Aus der Heldensage erwuchs in höfischem Formgefühl die mhd. Heldenepik. Das *Nibelungenlied* verbindet unabhängige Lieder aus der Völkerwanderung. In die Mitte rückt Kriemhild. Sie rächt den Tod Siegfrieds an seinen Mördern, ihren eigenen Brüdern und Hagen. Weicher ist das *Gudrun-Epos*. Die Königstochter Gudrun bleibt auch in Gefangenschaft unbeugsam stolz und ihrem Geliebten treu. Das Ende ist nicht mehr tragisch, wie im *Nibelungenlied,* sondern versöhnlich.

Um Dietrich von Bern (d. i. Verona) — den Theoderich der Geschichte — sammelten sich Sagen zu der märchenhaften *Dietrich-Epik.*

3. Spätmittelalter

Im „Herbst des Mittelalters" übernahmen die Bürger die literarische Führung. Sie waren mehr an Inhalt und Masse interessiert als an der Form. Der Minnegesang war Elitekunst; jetzt wendet sich die Poesie an die Menge. Lehrhafte und allegorische Dichtung ersetzt die Lyrik. Die Kunst Walthers versandete im Meistergesang. Im Volk verbreiteten sich auch anonyme Lieder mit allgemeinmenschlichem Gehalt, einfacher Form, oft mit typischen Situationen (Abschied, Wandern, Liebessehnsucht). Viele dieser *Volkslieder* werden heute noch gern gesungen.

Die Entwicklung führte zur Prosa, deren sich schon Meister Eckhart in seinen mystischen Schriften — um 1300 — bediente. Ein Streitgespräch mit dem Tod, *Der Ackermann aus Böhmen* (1400), ist die erste humanistische deutsche Prosadichtung; der Verfasser war der Notar Johann von Saaz. Zu Beginn der vom Bürger getragenen Kulturepoche wurden Prosaauflösungen der Heldenepen verbreitet.

Aus der Liturgie des Kirchenjahres und vorchristlichen Bräuchen entfaltete sich das geistliche Schauspiel in Oster- und Weihnachtsmysterien. Es wurde begleitet vom *Fastnachtsspiel*, das besonders der Nürnberger Hans Sachs (1494—1576) pflegte. Sachs schrieb über 200 Bühnenspiele und verhalf dem weltlichen Drama zum Sieg über das geistliche Mysterienspiel.

III. Neuhochdeutsche Zeit

1. Frühneuhochdeutsche Zeit

Ein neues Lebensgefühl des die Erde erkennenden und sich in ihr behauptenden Menschen bildet sich in der Renaissance aus. Die Entdeckung Amerikas und die Erfindung des Buchdrucks stehen am Anfang der Neuzeit.

Humanismus und Reformation bestimmen das Gesicht der Renaissance. Wissenschaft und Bildung befreiten sich von der Herrschaft der Kirche. An Fürstenhöfen und Universitäten pflegten literarische Gesellschaften die Muttersprache. Martin Luthers Bibelübertragung wurde 1534 beendet. Durch sie erhielt die deutsche Hochsprache weitgehend ihre Gestalt. Viele Werke der europäischen Literatur wurden übersetzt. Fischart übertrug und erweiterte den *Gargantua* des Rabelais.

Nach der Erfindung des Buchdrucks durch Johann Gutenberg wurden Volksbücher populär, und blieben es oft jahrhundertelang: *Das Volksbuch vom Eulenspiegel, Die Historia von D. Johann Fausten, Die Schildbürger.* — Theologische und literarische Kämpfe brachten eine Fülle von Satiren mit sich, wie die *Epistolae obscurum virorum (Dunkelmännerbriefe,* 1515 und 1517).

2. Barockzeit

Der repräsentativ denkenden Barockzeit entsprach eine starke Betonung der Form. Die Kultur der absolutistischen Höfe spiegelte sich in den Schaugeprängen des Barocktheaters. Die Spannungen des Barock wurden dramatisch lebendig in den Tragödien und Schimpfspielen von Andreas Gryphius (1616—1674) und im dramatischen Werk Lohensteins. — Martin Opitz versuchte der an lateinischen Vorbildern orientierten deutschen Dichtung mit seinem *Buch von der deutschen Poeterei* (1624) eigenes Maß zu geben; aus dem „Augenvers" machte er wieder einen „Ohrenvers".

Das Barock war sich bei leidenschaftlichem Lebensgenuß stets des Todes bewußt. Diese Antithese färbt seine Lyrik, wie Hofmannswaldaus Sonett *Vergänglichkeit der Schönheit* (1679) erkennen läßt.

> *Vergänglichkeit der Schönheit*
>
> Es wird der bleiche Tod mit seiner kalten Hand
> Dir endlich mit der Zeit um deine Brüste streichen,
> Der liebliche Corall der Lippen wird verbleichen;
> Der Schultern warmer Schnee wird werden kalter Sand.
>
> Der Augen süßer Blitz, die Kräfte deiner Hand,
> Für welchen solches fällt, die werden zeitlich weichen,
> Das Haar, das itzund kann des Goldes Glanz erreichen,
> Tilgt endlich Tag und Jahr als ein gemeines Band.
>
> Der wohlgesetzte Fuß, die lieblichen Gebärden,
> Die werden teils zu Staub, teils nicht und nichtig werden,
> Dann opfert keiner mehr der Gottheit deiner Pracht.
>
> Dies und noch mehr als dies muß endlich untergehen,
> Dein Herze kann allein zu aller Zeit bestehen,
> Dieweil es die Natur aus Diamant gemacht.

3. Aufklärung

Die tolerante Aufklärung entwickelte einen unbeschränkten Optimismus. Sie bejahte diese Welt: Mit Vernunft und Erziehung glaubte man, alles erreichen zu können. Für die irrationalen Lebensmächte und für die Schöpferkraft des Genies gab es kein Verständnis. Es wurde fleißig gelernt, wie Dramen gebaut werden sollten (mit drei Einheiten, nach dem Muster der Alten in Regeln gefaßte von Gottsched) und über welche Stoffe man Gedichte verfasse. Lehrgedichte, Epigramme (Logau), Fabeln (Gellert) und Aphorismen (Lichtenberg) entsprachen dem Zeitgeschmack. Bezeichnend für den Geist der Aufklärung ist der Titel einer Gedichtsammlung von Brockes: *Irdisches Vergnügen in Gott, bestehend in physikalisch- und moralischen Gedichten;* sie bewundern den zweckmäßigen Bau der Erde und ihrer Geschöpfe. Leibniz hatte mit seiner Theorie von der besten aller Welten den Rationalismus und Naturoptimismus der Aufklärung vorbereitet.

Gotthold Ephraim Lessings (1729—81) dramatisches Gedicht *Nathan der Weise* lehrte insbesondere in der „*Ringparabel*" völkerverbindenden Humanismus und religiöse Toleranz im Geiste der Aufklärung. Mit dem Lustspiel *Minna von Barnhelm* und mit theaterkritischen Betrachtungen in der *Hamburgischen Dramaturgie* führte Lessing, der auch auf Shakespeare als Vorbild hinwies *(17. Literaturbrief)*, schon über den Rationalismus hinaus. Die Gesetze der Aufklärung zerbrachen dann im Sturm und Drang. Lessingscher Geist durchatmet das Sinngedicht:

> *Trux an den Sabin*
>
> Ich hasse dich, Sabin; doch weiß ich nicht weswegen:
> Genug, ich hasse dich. Am Grund ist nichts gelegen.

> *Antwort des Sabin*
>
> Haß mich, so viel du willst! Doch wüßt ich gern weswegen:
> Denn nicht an deinem Haß, am Grund ist mir gelegen.

4. Empfindsamkeit

Zwischen Aufklärung und Sturm und Drang betont die *Empfindsamkeit* das Gefühl. Der gemütvolle „Wandsbecker Bote", Matthias Claudius (1740—1815), ist Dichter inniger Lieder und ergreifender Betrachtungen. Zum Volkslied wurde sein Gedicht

> *Abendlied*
>
> Der Mond ist aufgegangen,
> Die goldnen Sternlein prangen
>   Am Himmel hell und klar;
> Der Wald steht schwarz und schweiget,
> Und aus den Wiesen steiget
>   Der weiße Nebel wunderbar.
>
> Wie ist die Welt so stille,
> Und in der Dämmrung Hülle
>   So traulich und so hold!
> Als eine stille Kammer,
> Wo ihr des Tages Jammer
>   Verschlafen und vergessen sollt.
>
> Seht ihr den Mond dort stehen?
> Er ist nur halb zu sehen,
>   Und ist doch rund und schön!
> So sind wohl manche Sachen,
> Die wir getrost belachen,
>   Weil unsre Augen sie nicht sehn.

Wir stolze Menschenkinder
Sind eitel arme Sünder,
   Und wissen gar nicht viel;
Wir spinnen Luftgespinste
Und suchen viele Künste,
   Und kommen weiter von dem Ziel.
Gott, laß uns dein Heil schauen,
Auf nichts Vergängliches trauen,
   Nicht Eitelkeit uns freun!
Laß uns einfältig werden,
Und vor dir hier auf Erden
   Wie Kinder fromm und fröhlich sein!
Wollst endlich sonder Grämen
Aus dieser Welt uns nehmen
   Durch einen sanften Tod!
Und wenn du uns genommen,
Laß uns in Himmel kommen,
   Du unser Herr und unser Gott!
So legt euch denn, ihr Brüder,
In Gottes Namen nieder;
   Kalt ist der Abendhauch.
Verschon uns, Gott! mit Strafen,
Und laß uns ruhig schlafen,
   Und unsern kranken Nachbar auch!

Der ‚empfindsame‘ Friedrich Gottlieb Klopstock wurde zu einem Vorläufer der Genie-Epoche durch seine freien Rhythmen und Neologismen (*Der Messias,* biblischer Epos in Hexametern; 1748—1773).

5. Rokoko

Das galante, ironische Rokoko vertrat der aufklärerische Christoph Martin Wieland († 1813 in Weimar). Eine Entwicklung zu gewandter Welthaltung und humanem Geist schildert sein Bildungsroman *Agathon.* Der Roman *Die Abderiten* ist eine Zeitsatire in griechischem Gewand.

Die *Anakreontiker* bauten in witzigen *Schäfereien* eine utopische Welt. Noch der junge Goethe verfaßte ein Schäferspiel, *Die Laune des Verliebten.*

6. Sturm und Drang

Nicht mehr mit kaltem Verstand, sondern mit lebendigem Gefühl erfuhr der *Sturm und Drang* das Dasein. Die irrationalen Naturkräfte

— gut oder böse — waren ihm im Genie verkörpert. Das Unverbildete, Naive, Un‚vernünftige' wurde gesucht. Der junge Goethe war lieber „schlimm aus Empfindung als kalt aus Verstand". Die Ahnung einer irrationalen Unendlichkeit wurde dem Aufklärungsoptimismus entgegengestellt. Das gläubige Vertrauen auf Fortschritt und Vernunft schwand, das vieldiskutierte Erdbeben von Lissabon im Jahre 1755 hatte auch das geistige Europa erschüttert. Der „Magus des Norden" Hamann bereitete den Sturm und Drang gedanklich vor; er lehrte u. a. „Poesie ist die Muttersprache des menschlichen Geschlechts", ist also *natürlich*.

Bereits 1740 hatten die Schweizer Bodmer und Breitinger das Überrationale und Wunderbare gegen den Rationalismus in der Dichtung verteidigt. Der Einfluß Edward Youngs *(Conjectures on Original Composition)* und J. J. Rousseaus wirkte bestimmend auf das Geniedenken des Sturm und Drang.

J. G. Herder († 1803 in Weimar) lehrte, die Kunst als historisches Phänomen zu begreifen, als Organismus, der mit einem Volk in seiner Geschichte gewachsen ist. Besonders beezeichnend waren ihm *Volkslieder,* die er aus vielen Nationen sammelte. Mit der Dichtung als Nachahmung wurde endgültig Schluß gemacht.

Der Konflikt des natürlichen Menschen mit seiner Umwelt ist das Hauptthema des Sturm und Drang. Die ihm gemäße Form war das Drama. Vorbild wurde statt der regelgebundenen französischen Dichter jetzt Shakespeare. Die Form sollte nicht gemacht, sondern organisch gewachsen sein. Lenz, Gerstenberg, Klinger, der junge Goethe und der junge Schiller forderten soziale, politische, metaphysische Freiheit und Freiheit in der Liebe. Die sozialkritischen Dramen *Der Hofmeister* und *Die Soldaten* von Jakob Michael Reinhold Lenz (1751—92) durchbrechen die Einheiten von Raum und Zeit. Lenz gestaltete in einem Mosaik szenischer Miniaturen — in „Fetzentechnik" — ein Abbild des Lebens, in dem sich „Tragisches" und „Komisches" mischen, denn auch im Leben erscheint „Tragisches" und „Komisches", wie Lenz in seinen *Anmerkungen übers Theater* erklärt, nicht getrennt. Realistische Sprache charakterisiert die Personen. Das Lied wird bereits deutend — wie später bei Büchner und Brecht (Song) — in das Drama eingelegt.

Die Dramen von Lenz, Goethes *Götz von Berlichingen* und Schillers *Die Räuber* und *Kabale und Liebe* (unter dem Motto *in tyrannos*), bestimmten das Gesicht der Epoche.

Wirkungen wie nie ein deutsches Buch zuvor hatte Goethes Briefroman *Die Leiden des jungen Werther* (1774). Die Spannung von Ich und Umwelt wird in der Geschichte einer unglücklichen Liebe aufgezeigt. Dem *Werther* waren anakreontische Dichtungen und die Sesenheimer Lyrik um Friederike Brion vorausgegangen *(Maifest; Willkommen und Abschied; Heidenröslein).* Goethe hat Pläne zu Cäsar-, Mohammed-, Sokrates-, Christus- und Prometheus-Dramen nicht ausgeführt. Aber es sind bedeutsame Fragmente erhalten. Goethes Ode „Prometheus" ist für die Epoche bezeichnend.

Prometheus

Bedecke deinen Himmel, Zeus,
Mit Wolkendunst!
Und übe, dem Knaben gleich,
Der Disteln köpft,
An Eichen dich und Bergeshöhn!
Mußt mir meine Erde
Doch lassen stehn,
Und meine Hütte,
Die du nicht gebaut,
Und meinen Herd,
Um dessen Glut
Du mich beneidest.

Ich kenne nichts Ärmers
Unter der Sonn als euch Götter.
Ihr nähret kümmerlich
Von Opfersteuern
Und Gebetshauch
Eure Majestät
Und darbtet, wären
Nicht Kinder und Bettler
Hoffnungsvolle Toren.

Da ich ein Kind war,
Nicht wußte, wo aus, wo ein,
Kehrte mein verirrtes Aug
Zur Sonne, als wenn darüber wär
Ein Ohr, zu hören meine Klage,
Ein Herz wie meins,
Sich des Bedrängten zu erbarmen.

Wer half mir wider
Der Titanen Übermut?
Wer rettete vom Tode mich,
Von Sklaverei?

Hast du's nicht alles selbst vollendet,
Heilig glühend Herz?
Und glühtest, jung und gut,
Betrogen, Rettungsdank
Dem Schlafenden da droben?
Ich dich ehren? Wofür?
Hast du die Schmerzen gelindert
Je des Beladenen?
Hast du die Tränen gestillet
Je des Geängsteten?

Hat nicht mich zum Manne geschmiedet
Die allmächtige Zeit
Und das ewige Schicksal,
Meine Herrn und deine?

Wähntest du etwa,
Ich sollte das Leben hassen,
In Wüsten fliehn,
Weil nicht alle Knabenmorgen-
Blütenträume reiften?

Hier sitz ich, forme Menschen
Nach meinem Bilde,
Ein Geschlecht, das mir gleich sei,
Zu leiden, weinen,
Genießen und zu freuen sich,
Und dein nicht zu achten,
Wie ich.

Ein anderer Plan, *Faust,* reifte über sechs Jahrzehnte hinweg zur Vollendung. Das Gretchenmotiv nimmt Goethe bereits in einem volksliedhaften Gedicht vorweg.

Heidenröslein

Sah ein Knab ein Röslein stehn,
Röslein auf der Heiden,
War so jung und morgenschön,
Lief er schnell, es nah zu sehn,
Sah's mit vielen Freuden,
Röslein, Röslein, Röslein rot,
Röslein auf der Heiden.

Knabe sprach: Ich breche dich,
Röslein auf der Heiden!
Röslein sprach: Ich steche dich,
Daß du ewig denkst an mich,
Und ich will's nicht leiden.

Röslein, Röslein, Röslein rot,
Röslein auf der Heiden.

Und der wilde Knabe brach
's Röslein auf der Heiden;
Röslein wehrte sich und stach,
Half ihm doch kein Weh und Ach,
Mußt es eben leiden.
Röslein, Röslein, Röslein rot,
Röslein auf der Heiden.

7. Klassik

1774 entstand der *Urfaust*, und kurz vor seinem Tode vollendete Goethe *Faust II*. In der umfassenden Faust-Tragödie führt Goethe das menschliche Dasein durch eine Versöhnung von Geist und Natur in die „Klarheit". Die großangelegten Paradoxien des Faust sind: Daß Mephisto (‚das Böse') die Funktion hat, Faust zum ‚Guten' zu bringen; und daß Faust dem Buchstaben nach seine Wette verliert, sie aber verliert im Augenblick einer liebenden, geistig beseelten Tat. Daher kann er dem Teufel nicht zufallen. Das Faustdrama endet mit einer Emphase der Liebe:

> Das Ewigweibliche
> Zieht uns hinan.

Aus der Enge Weimars — wo Goethe seit 1775 am Hofe des Herzogs Karl August lebte — reiste Goethe nach Italien. Die Begegnung mit dem Geist der Antike und klassischem Maß gewann in den Dramen *Iphigenie* und *Tasso* Gestalt.

Die Unterhaltungen deutscher Ausgewanderten, die Goethe unter dem Einfluß Boccaccios schrieb, und die exemplarische *Novelle* begründen und vertiefen die deutsche Novellistik. Ein Bild bürgerlichen deutschen Lebens gibt Goethe in dem Epos in Hexametern *Hermann und Dorothea*.

Der Bildungsroman *Wilhelm Meisters Lehr- und Wanderjahre* verweist in seiner formalen Vielfalt auf die (von Goethe allerdings abgelehnte) Romantik.

Der alternde Goethe beschwor Grundmächte des Lebens in den Gedichtzyklen *West-östlicher Divan* — *Urworte Orphisch* und *Triologie der Leidenschaft*.

In Goethes Liebeslyrik, die sein ganzes Leben begleitet, sind die Gedichte um Frau von Stein und *Römische Elegien* als gegensätzliche Pole bedeutsam.

Tätig vollendete Goethe seines „Daseins Kreise". Der Kreis seiner Betrachtung umfaßte auch die Naturwissenschaft, besonders die „Metamorphose der Pflanzen" und die Optik *(Farbenlehre)*.

Der alte Goethe hat sich auch noch einmal seiner Jugend zugewandt und eine deutende Beschreibung seines Werdens in *Dichtung und Wahrheit* gegeben. 1832 ist Johann Wolfgang von Goethe in Weimar gestorben.

Friedrich Schiller verband philosophische und ethische Vorstellungen mit dichterischer Kraft. Schillers Tragödien sind „Siegesfeiern der Ideale". Für die Idee der politischen Freiheit kämpfte er in den Dramen *Fiesko* und *Wilhelm Tell*. Im *Don Carlos* vollziehen sich tragische Opfer für Freiheit und Humanität. Den Kampf zwischen Leidenschaft und „sittlichem Idealismus" in der Brust des Menschen gestaltet Schiller in *Maria Stuart* und der *Jungfrau von Orleans*. Die im Sturm und Drang ausgebildete Problematik des Individuums, dessen Natur zu seinem Schicksal wird, stellt die *Wallenstein-Trilogie* vor. Hohes Pathos spricht aus Schillers Gedichten (z. B. Hymne „An die Freude", die Beethoven in seine 9. Symphonie aufnahm).

Goethe und Schiller wurden Freunde. Ihre Zusammenarbeit im „Balladenjahr 1797" gibt Zeugnis von dieser Freundschaft (Goethe: *Der Gott und die Bajadere, Der Schatzgräber, Der Zauberlehrling;* Schiller: *Der Ring des Polykrates, Der Taucher*).

Neben Goethe und Schiller bestimmten die Blütezeit der deutschen Literatur „Klassik" um 1800: der Lyriker Friedrich Hölderlin (1770 bis 1843; seit 1806 umnachtet); der Dramatiker und Novellist Heinrich von Kleist (1777—1811) und der Romancier Jean Paul (1763—1825).

Hölderlin verband das klassische antike Hellas und die deutsche Gegenwart in seinen Oden, Elegien und Hymnen *(Brot und Wein)*, dem lyrischen Briefroman *Hyperion* (der *Hyperions Schicksalslied* enthält) und in den freien Rhythmen seiner Spätlyrik *(Friedensfeier; Germanien)*.

Hyperions Schicksalslied

Ihr wandelt droben im Licht
  Auf weichem Boden, selige Genien!
    Glänzende Götterlüfte
      Rühren euch leicht,
        Wie die Finger der Künstlerin
        Heilige Seiten.

Schicksallos, wie der schlafende
Säugling, atmen die Himmlischen;
Keusch bewahrt
In bescheidener Knospe,
Blühet ewig
Ihnen der Geist,
Und die seligen Augen
Blicken in stiller
Ewiger Klarheit.

Doch uns ist gegeben,
Auf keiner Stätte zu ruhn,
Es schwinden, es fallen
Die leidenden Menschen
Blindlings von einer
Stunde zur andern,
Wie Wasser von Klippe
Zu Klippe geworfen,
Jahrlang ins Ungewisse hinab.

In dem fragmentischen lyrischen Drama *Der Tod des Empedokles*
sucht Empedokles in heiliger Sehnsucht die Vereinigung mit den Göttern.
Fast vierzig Jahre lebte Hölderlin umnachtet in Tübingen. Aus dieser
Zeit besitzen wir sein Gedicht

Hälfte des Lebens

Mit gelben Birnen hänget
Und voll mit wilden Rosen
Das Land in den See,
Ihr holden Schwäne,
Und trunken von Küssen
Tunkt ihr das Haupt
Ins heilignüchterne Wasser.

Weh mir, wo nehm ich, wenn
Es Winter ist, die Blumen, und wo
Den Sonnenschein
Und Schatten der Erde?
Die Mauern stehn
Sprachlos und kalt, im Winde
Klirren die Fahnen.

Kleist ist als Novellist und Dramatiker bedeutsam. In mächtiger, um-
greifend hypotaktischer Prosa baute er die Novellen *Michael Kohlhaas* —
Untergang eines auf seinem Recht beharrenden, unbeugsamen Mannes —,
Das Erdbeben in Chili, Die Marquise von O.

Auf unbedingtem Gefühl und fragloser Hingabe gründen sich seine Dramen *Amphytrion, Penthesilea, Das Käthchen von Heilbronn* und *Prinz Friedrich von Homburg.* Sie stellen Grenzsituationen des Menschen dar. Kleist ist der Schöpfer eines der klassischen deutschen Lustspiele, *Der zerbrochene Krug.* Von der Tragödie *Robert Guiskard* ist nur der erste Akt erhalten.

Einen Eindruck von Kleists hypotaktischem Stil vermittelt seine kleine *Bach-Anekdote:*

> Bach, als seine Frau starb, sollte zum Begräbnis Anstalten machen. Der arme Mann war aber gewohnt, alles durch seine Frau besorgen zu lassen; dergestalt daß, da ein alter Bedienter kam und ihm für Trauerflor, den er einkaufen wollte, Geld abforderte, er unter stillen Tränen, den Kopf auf einen Tisch gestützt, antwortete: „Sagt's meiner Frau."

Jean Paul steht mit seinen vielschichtigen Romanen — *Siebenkäs; Titan; Flegeljahre* — bereits an der Schwelle der Romantik.

8. Romantik

Die napoleonischen Kriege hatten das Bewußtsein gemeinsamer deutscher Sprache, Geschichte und Kunst vertieft. In diesem Bewußtsein liegen die Wurzeln der Suche nach einer nationalen Einheit. Die Romantiker wandten sich den Zeugnissen nationaler Kultur zu.

Clemens von Brentano (1778—1842) und Achim von Arnim folgten Anregungen Herders und gaben eine Sammlung deutscher Volkslieder, *Des Knaben Wunderhorn,* heraus. Die Brüder Grimm sammelten *Deutsche Kinder- und Hausmärchen* und *Deutsche Sagen.*

Für die Romantik ist eine unendliche Sehnsucht charakteristisch; sie wandte sich oft ins deutsche Mittelalter, weg von der Gegenwart in Raum und Zeit (weithin ein Charakteristikum der deutschen Literatur überhaupt). Das „romantische Symbol" war *die blaue Blume.*

Die Romantik pflegte das Märchen (Brentano: *Hinkel, Gockel und Gackeleia*), den phantastischen Roman voll „romantischer Ironie" und die Lyrik, aber kaum das Drama. Gedankenreich ist das Werk des Novalis (Friedrich von Hardenberg, 1772—1801): *Heinrich von Ofterdingen; Die Christenheit oder Europa; Hymnen an die Nacht.* Der literarische Salonlöwe, der *homo literatus* der Romantik, war Ludwig Tieck (1773 bis 1853). Er ist als Übersetzer hervorgetreten (Schlegel — Tieck: Shakespeare), als Dichter von Märchen und Novellen *(Der blonde Eckbert; Des Lebens Überfluß)* und als Dramatiker *(Der gestiefelte Kater).*

Die Romantiker stellten die Musik über die anderen Künste. E. T. A. Hoffmann war Musiker und Dichter. Er schildert Musiker und Musik in grotesken Erzählungen *(Kreisleriana)*. Mit der Welt der Musik verband E. T. A. Hoffmann gern die Handlungen seiner phantastischen Prosa *(Kater Murr; Phantasiestücke in Callots Manier; Die Serapionsbrüder)*.

Joseph von Eichendorff schloß die Romantik ab. Sehnsucht führte seine Gestalten auf die Wanderschaft. Italien ist der Ort der Erzählungen *Das Marmorbild* und *Aus dem Leben eines Taugenichts* (1826). Eichendorffs Gedichte sind einfach und volksliedhaft *(Es schienen so golden die Sterne; In einem kühlen Grunde; Wem Gott will rechte Gunst erweisen . . .)*. Gedichte Eichendorffs, Adalbert von Chamissos Novelle *Peter Schlemihls wundersame Geschichte* und einige *Kalendergeschichten* Johann Peter Hebels aus seinem *Schatzkästlein des Rheinischen Hausfreunds (Kannitverstan; Unverhofftes Wiedersehen)* sind weithin zum Besitz des Volkes geworden. Gelehrte wie die Brüder Grimm waren der Germanist Ludwig Uhland und Friedrich Rückert, der besonders als Nachdichter orientalischer Lyrik wirkte. August von Platen wandte sich klassischen Formen des Gedichts zu.

9. Biedermeier

Unter dem Kanzler Metternich setzte eine *Reaktion* gegen das Streben des deutschen Volkes nach Freiheit ein. Innerhalb der *Restauration*, während der die Politik der Zeit vor der Französischen Revolution fortgesetzt werden sollte, verzweigte sich die realistische Dichtung: Das *Biedermeier* hielt sich abseits von den Tagesfragen. Das *Junge Deutschland* verstand die Literatur als politisches Kampfmittel.

Das Biedermeier pflegte eine „Andacht zum Kleinen" (Stifter). Es suchte ein kleines Glück. Daher ist das Dämonische und Leidenschaftliche in Adalbert Stifters Roman *Der Nachsommer* unterdrückt. Erzählungen hat Stifter in *Studien* und *Bunte Steine* gesammelt. In der Vorrede zu den *Bunten Steinen* hat Stifter das Credo des Biedermeier niedergelegt.

> Das Wehen der Luft, das Rieseln des Wassers, das Wachsen der Getreide, das Wogen des Meeres, das Grünen der Erde, das Glänzen des Himmels, das Schimmern der Gestirne, halte ich für groß: das prächtig einherziehende Gewitter, den Blitz, welcher Häuser spaltet, den Sturm, der die Brandung treibt, den feuerspeienden Berg, das Erdbeben, welches Länder verschüttet, halte ich nicht für größer als obige Erscheinungen, ja, ich halte sie für kleiner, weil sie nur Wirkungen viel höherer Gesetze sind ... So wie es in der äußeren Natur ist, so ist es auch in der inneren, in der des

menschlichen Geschlechts. Ein ganzes Leben voll Gerechtigkeit, Einfachheit, Bezwingung seiner selbst, Verstandesgemäßheit, Wirksamkeit in seinem Kreise, Bewunderung des Schönen, verbunden mit einem heiteren, gelassenen Streben, halte ich für groß: mächtige Bewegungen des Gemüts, furchtbar einherrollender Zorn, die Begier nach Rache, den entzündeten Geist, der nach Tätigkeit strebt, umreißt, ändert, zerstört und in der Erregung oft das eigene Leben hinwirft, halte ich nicht für größer, sogar für kleiner, da diese Dinge so gut nur Hervorbringungen einzelner und einseitiger Kräfte sind wie Stürme, feuerspeiende Berge, Erdbeben.

Es ist wohl kein Zufall, daß das literarische Biedermeier besonders in Österreich vertreten ist. Österreicher wie Stifter war Franz Grillparzer (1791—1872). Er bearbeitete in seinen Dramen antike Themen *(Sappho; des Meeres und der Liebe Wellen;* Die Trilogie *Das Goldene Vließ)* und historische Stoffe *(König Ottokars Glück und Ende; Ein Bruderzwist in Habsburg; Libussa).* Seine *Tagebücher* enthalten einsichtsreiche Bemerkungen namentlich über das Wesen des Dramas.

Grillparzer stellt in seinem Dramatischen Märchen *Der Traum, ein Leben* dem „faustischen" Tatendrang das Glück der Begrenzung entgegen:

> Eines nur ist Glück hienieden,
> Eins: des Innern stiller Frieden
> Und die schuldbefreite Brust!

So spricht Rustan, der (anders als Goethes Faust, der ausruft: „Im Anfang war die Tat") im Traum erfährt, daß Tat Schuld bedeutet.

Heiterkeit und Schwermut sprechen aus den Werken der Wiener Dramatiker Ferdinand Raimund und Johann Nestroy. Raimunds dramatische Form war das „Originalzaubermärchen" *(Der Verschwender).* Nestroy (1801—1862) schrieb ebenfalls zunächst Zauberpossen *(Lumpazivagabundus);* sein weiteres dramatisches Oeuvre *(Zu ebener Erde und im ersten Stock; Einen Jux will er sich machen)* zeichnet aber realistische Gesellschafts- und Charakterdarstellung aus.

Die Naturlyrik der Annette von Droste-Hülshoff (1797—1848) ist erfüllt von der schwerblütigen Kraft ihrer Heimat Westfalen. — Eduard Mörike (geboren 1804 in Ludwigsburg; gestorben 1875 in Stuttgart) gestaltet in seinen Gedichten eine Situation des Übergangs, in dem der Symbolwert von Nacht und Tag bedeutsam wird *(An einem Wintermorgen vor Sonnenaufgang).* Wie Tag und Nacht einander bedingen, durchdringen sich auch Tod und Leben *(Erinna an Sappho).* Mörike schuf kongenial einen Ausdruck des Geistes der Musik Mozarts in seiner No-

velle *Mozart auf der Reise nach Prag* (1855). Das die Novelle abschlie-
ßende Gedicht faßt ihre Thematik zusammen:

Ein Tännlein grünet wo,
Wer weiß, im Walde;
Ein Rosenstrauch, wer sagt,
In welchem Garten?
Sie sind erlesen schon,
Denk es, o Seele,
Auf deinem Grabe zu wurzeln
Und zu wachsen.
Zwei schwarze Rößlein weiden,
Auf der Wiese,
Sie kehren heim zur Stadt
In muntern Sprüngen.
Sie werden schrittweis gehn
Mit deiner Leiche;
Vielleicht, vielleicht noch eh
An ihren Hufen
Das Eisen los wird,
Das ich blitzen sehe!

10. Das Junge Deutschland

Die Schriftsteller des Jungen Deutschland sahen in ihrer Feder ein
„Schwert" im Kampf gegen die Reaktion. Durch einen Bundestagsbe-
schluß wurden 1835 die Schriften namentlich von „Heinrich Heine, Karl
Gutzkow, Heinrich Laube, Ludolf Wienbarg und Theodor Mundt" verboten.

Heinrich Heine (geb. 1797 in Düsseldorf) verstand sich selbst als guten
Soldaten im Freiheitskampf der Menschheit. Als Lebensmotto Heines
dürfen einige Verse aus seinem Gedicht gelten:

Rühre die Trommel und fürchte dich nicht
Und küsse die Marketenderin;
Das ist der Weisheit letzter Schluß,
Das ist der Bücher tiefster Sinn.

Das Buch der Lieder (1827) und *Neue Gedichte* sind Sammlungen der
Lyrik Heines.

Zum „Volkslied" wurde Heines ‚Lorelei'-Gedicht aus dem *Buch der
Lieder:*

Ich weiß nicht was soll es bedeuten,
Daß ich so traurig bin;
Ein Märchen aus alten Zeiten,
Das kommt mir nicht aus dem Sinn.

Die Luft ist kühl und es dunkelt,
Und ruhig fließt der Rhein;
Der Gipfel des Berges funkelt
Im Abendsonnenschein.

Die schönste Jungfrau sitzet
Dort oben wunderbar;
Ihr goldnes Geschmeide blitzet,
Sie kämmt ihr goldenes Haar.

Sie kämmt es mit goldenem Kamme
Und singt ein Lied dabei;
Das hat eine wundersame,
Gewaltige Melodei.

Den Schiffer im kleinen Schiffe
Ergreift es mit wildem Weh;
Er schaut nicht die Felsenriffe,
Er schaut nur hinauf in die Höh.

Ich glaube, die Wellen verschlingen
Am Ende Schiffer und Kahn;
Und das hat mit ihrem Singen
Die Lore-Ley getan.

In *Atta Troll* und *Deutschland, ein Wintermärchen* kritisiert Heine Politik und Dichtung der Zeit. Heines Prosa gibt in *Reisebildern* geistvolle Impressionen, aus dem nördlichen Deutschland *(Die Harzreise)*, Italien und England.

Zu den eindringlichsten Analysen deutscher Geistesgeschichte gehören Heines Studien über Deutschland *(Romantische Schule; Zur Geschichte der Religion und Philosophie in Deutschland)*. Seit 1831 mußte Heine in Paris im Exil leben. Scharfe Kritik an Deutschland und Sehnsucht nach der Heimat sprechen aus Heines *Nachtgedanken:* „Denk ich an Deutschland in der Nacht,/ Dann bin ich um den Schlaf gebracht..." Sehnsucht nach dem Land der ‚Eichen und Blumen' hat Heine bis zum Tod begleitet. Heine ist 1856 in Paris gestorben.

Wie Heine läßt auch Georg Büchner (1813—1837) die Tendenzen des *Jungen Deutschland* hinter sich. In seinem Aufruf *Der Hessische Landbote* glaubte der junge Büchner noch an ein immanentes Paradies, das sich das Volk durch eine Revolution erringen könnte: „Deutschland ist jetzt ein Leichenfeld, bald wird es ein Paradies sein... erhebet euch..."

Büchner war der erste deutsche Dichter, der auf die Not der Armen hinwies und politische Maßnahmen zur Linderung ihres materiellen Elends forderte. Es ist ein bisher nicht gehörter Ton, wenn Büchner an Gutzkow schreibt: „Die Gesellschaft mittels der Idee, von der gebildeten Klasse aus reformieren? Unmöglich! Unsere Zeit ist rein materiell."

Büchners Dramen *Dantons Tod, Leonce und Lena* und *Woyzeck* stellen fortschreitend ein Ringen um die Sinnerfüllung des Lebens vor. In *Dantons Tod* wird ein Lebenssinn verneint; Leonce wird durch die Liebe erlöst; aber die erlösende Kraft der Liebe scheitert in *Woyzeck*. Die Novelle *Lenz* schildert den Verfall des Sturm- und Drang-Dichters. Büchner erhöht den Wahnsinn des Dichters Lenz zu einem ‚Symbol des Weltzustandes überhaupt'. ‚Zeugnis der Absurdität' gibt das Märchen der Großmutter in Büchners *Woyzeck*.

> *Großmutter:* Kommt ihr kleinen Krabben! — Es war einmal ein arm Kind und hatt kein Vater und keine Mutter, war alles tot und war niemand mehr auf der Welt. Alles tot, und es is hingangen und hat gesucht Tag und Nacht. Und weil auf der Erde niemand mehr war, wollt's in Himmel gehn, und der Mond guckt es so freundlich an; und wie es endlich zum Mond kam, war's ein Stück faul Holz. Und da is es zur Sonn gangen, und wie es zur Sonn kam, war's ein verwelkt Sonneblum. Und wie's zu den Sternen kam, waren's kleine goldne Mücken, die waren angesteckt, wie der Neuntöter sie auf die Schlehen steckt. Und wie's wieder auf die Erde wollt, war die Erde ein umgestürzter Hafen. Und es war ganz allein. Und da hat sich's hingesetzt und geweint, und da sitzt es noch und is ganz allein.

Darmstädter wie Büchner war übrigens auch Ernst Elias Niebergall, dessen biedermeierliche Lokalposse *Datterich* (1841) — wie schon Büchners *Woyzeck* — auch konsequent realistische Züge aufweist.

Christian Dietrich Grabbe schrieb die satirische Literaturkomödie *Scherz, Satire, Ironie und tiefere Bedeutung* (1827), die sich auf den deutschen Bühnen gehalten hat. Sein Drama *Don Juan und Faust* und seine Tragödien *Napoleon oder Die Hundert Tage* und *Hannibal* machten ihn zu einem „Anreger des realistischen Dramas".

„Amerika, du hast es besser!" hatte Goethe geschrieben. In der Zeit der Reaktion und der mißlungenen Revolution von 1848 wanderten viele Deutsche nach Amerika aus. Charles Sealsfield (Karl Postl) schilderte das Leben des nordamerikanischen Volkes (*Das Kajütenbuch* 1841); er gilt als bedeutender ethnographischer Belletrist. Schon vor ihm hatte sich Nikolaus Lenau in Nordamerika aufgehalten, dessen Lyrik „Einheit von Landschaftsbild und Seelenzustand" kennzeichnen.

Georg Büchner, gezeichnet
von Alexis Muston

11. Realismus

Um 1850 rückte der bürgerliche Mensch und sein Alltag in die Mitte des Gesichtskreises der Literatur. Der Schweizer Gottfried Keller (1819 —1890) verbindet eine wohlwollende Liebe zu allem, was lebt, mit heiter ironischer Betrachtung in den Zyklen *Die Leute aus Seldwyla* und *Züricher Novellen; Der Grüne Heinrich* ist neben Goethes *Wilhelm Meister* einer der wesentlichen deutschen Entwicklungsromane. Kellers Landsmann Jeremias Gotthelf veröffentlichte die pädagogischen *Uli-Ro*mane und Erzählungen *(Die schwarze Spinne)*. Schweizer ist auch der Lyriker und Novellist Conrad Ferdinand Meyer. Seine historischen Erzählungen umspannen die Renaissance in *Jürg Jenatsch,* das England

Thomas Beckets in der Novelle *Der Heilige,* das Italien der Stadtrepubliken in der *Versuchung des Pescara.*

Niederdeutsch schrieb Fritz Reuter die autobiographische Trilogie: *Ut de Franzosentid, Ut mine Festungstid, Ut mine Stromtid.*

Einer eigenwilligen Ästhetik folgen die Dramen Friedrich Hebbels (1813—63): *Judith, Maria Magdalena, Herodes und Mariamne, Agnes Bernauer, Gyges und sein Ring.* Verschiedene Weltalter treten im Gang der Entwicklung der Menschheit in ihren geistigen Gegensätzen miteinander in den Kampf. In seinem Trauerspiel *Die Nibelungen* zeigt Hebbel, wie das christliche Zeitalter die heidnisch-germanische Epoche ablöst. Das Motiv kämpferischer Abfolge erscheint aufgehoben in seinem Gedicht:

> *Herbstbild*
>
> Dies ist ein Herbsttag, wie ich keinen sah!
> Die Luft ist still, als atmete man kaum,
> Und dennoch fallen raschelnd, fern und nah,
> Die schönsten Früchte ab von jedem Baum.
>
> O stört sie nicht, die Feier der Natur!
> Dies ist die Lese, die sie selber hält,
> Denn heute löst sich von den Zweigen nur,
> Was vor dem milden Strahl der Sonne fällt.

Der Niederdeutsche Theodor Storm schrieb stimmungsvolle Novellen wie *Der Schimmelreiter* (1888). In seiner Lyrik belebte er die Natur seiner Husumer Heimat *(Abseits; Meeresstrand).*

Ein farbiges Schauspiel der deutschen Geistesgeschichte ersteht in Gustav Freytags *Bilder aus der deutschen Vergangenheit.* In seinem Lustspiel *Die Journalisten* griff er auch bürgerliche und politische Thematik seiner Zeit auf.

Zu den bedeutenden Erzählern des poetischen Realismus gehört Wilhelm Raabe. Ein verträumtes Alt-Berlin spiegelt sich in Raabes Roman *Die Chronik der Sperlingsgasse.* Sinnbild der Vergänglichkeit ist ein Pestkarren in seinem Roman *Der Schüdderump. Das Odfeld* (1888) wird zum symbolischen Ort des Lebenskampfes.

Neben Keller darf Theodor Fontane (1819—98) als „klassischer deutschsprachiger Realist" betrachtet werden. Er begann mit historischen und zeitgeschichtlichen Balladen *(John Maynard).* Den Skizzen *Wanderungen durch die Mark Brandenburg* folgten Novellen und Romane, insbesondere aus der Berliner Gesellschaft und dem Leben des märkischen Adels: *Schach von Wuthenow; Frau Jenny Treibel; Effi Briest; Der Stechlin.* Der Realist Fontane verhalf den Naturalisten zum Durchbruch. Als

Theaterkritiker begrüßte Fontane *Die Familie Selicke* von Holz und Schlaf als „eigentliches Neuland".

IV. Moderne

1. Naturalismus und Gegenströmungen

Friedrich Nietzsche (1844—1900) sprach nach dem preußisch-französischen Krieg von einer „Exstirpation des deutschen Geistes zugunsten des deutschen Reiches". In der Kunst jener „Gründerzeit" verbreitete sich der Kitsch. Die Literatur versagte vor den Problemen der Industrialisierung, des entstehenden Proletariats, des absinkenden Mittelstandes, der Mietskasernen, des Alkoholismus und den Fragen der Frauenemanzipation. Zunächst mußte eine literarische Form gefunden werden, die neue Wirklichkeit zu beschreiben. Arno Holz (1863—1929) gestaltete programmatisch diese Form in *Papa Hamlet* (1889) nach seiner ästhetischen Maxime: *Kunst = Natur − x*, wobei *x* die störende Subjektivität des Künstlers bezeichnet.

Papa Hamlet entstand als Teamarbeit von Holz und Schlaf. Die thematische Skizze von Schlaf ist noch erhalten. Die sprachlich definitive Fassung von Holz schuf Grundlagen der modernen Literatur: genaueste Wirklichkeitsbeobachtung; phonetisches Protokoll der Sprachwirklichkeit; Identität von Erzählzeit und erzählter Zeit, also „Sekundenstil"; das Verstummen des Erzählers, der nicht mehr reflektierend zwischen Stoff und Leser vermittelt. Diese Tendenzen verdeutlicht die „Ohrfeigenszene" aus *Papa Hamlet:*

> „Amalie! Ich bemerke soeben zu meinem größten Erstaunen, Fortinbras ist störrisch!"
> Amalie, die jetzt ihre kleine, mollige Fußbank der Trikottaillen wegen zu ihrem großen Leidwesen vom Ofen ans Fenster hatte verlegen müssen, war grade dabei, sich ihre erste Nadel für heute einzufädeln. Sie hatte wieder so lange inhalieren müssen ...
> „Störrisch?"
> „Wie ich dir sage, Amalie! Störrisch!"
> „Ach, nich doch!"
> „Amalie? Ich sage dir noch einmal — störrisch! Fortinbras ist störrisch! Stör-risch!!"
> „Ach, red doch nich! Wo soll er denn störrisch sein!"
> „Amalie?!"
> Amalie sah sich nicht einmal um. Sie zuckte kaum mit den Achseln.

„So! So! Also du glaubst mir nicht mehr, wenn ich dir etwas sage! Du mißtraust mir! In der Tat! In der Tat! Ich hätte mir das denken können! Sag's doch lieber gleich! Wozu die Umstände! Du bedauerst, daß ich mich nicht noch schneller aufreibe!"

Amalie nieste. Sie wollte ihren Schnupfen gar nicht mehr loswerden. Mitten im Sommer.

„Natürlich! Wie sollte man auch nicht! Man vertreibt sich die Zeit mit — Niesen! Man trinkt Kaffee und vertreibt sich die Zeit mit — Niesen! In der Tat! In der Tat! Andre Leute mögen unterdes zusehn, wie sie fertig werden! ... Aber, ich werde es dir beweisen, Amalie! Hörst du? Ich werde es dir beweisen, daß Fortinbras störrisch ist! — — Du! sag a ... a ... Nun? Wird's bald?

... Na? ... A! ... Du Schlingel! A! ... A! ... Ha!

Siehst du?! Wie ich dir sagte, wie ich dir sagte, Amalie! Der Lümmel brüllt, als wenn ihm der Kopf abgeschnitten wird! Er ist störrisch! Habe ich recht gehabt?! —

Willst du still sein, du Zebra?! Gleich bist du still!"

Jetzt endlich war Amalie an ihrem Fenster plötzlich etwas aufmerksamer geworden.

„Du willst ihn doch nicht etwa — schlagen?"

„Gewiß will ich das, Amalie! Ein Kind darf nicht eigenwillig sein! Ein Kind bedarf der Erziehung, Amalie! Eine leichte Züchtigung ..."

„Niels!?"

„Ach was! Aus dem Weg! Aus dem Weg, sage ich! ... Da, du in-famer Schlingel! Da, du in ... Amaaalie!"

„Gewiß, du alter Esel! Du glaubst wohl, du kannst hier am Ende tun, was du Lust hast? Du gehörst ja in die Verrücktenanstalt! Wie kann man denn'n Kind von 'nem halben Jahr so malträtieren?! Wie kann man es schlagen!"

„Amaaalie!!"

War's möglich?! War es zu glauben?! War das seine Backe?!

„Amaaalie!!! ..."

Die sprachliche Wirklichkeit wurde im Naturalismus weitgehend konsequent in der Literatur registriert. Thematisch suchte man das Kranke, Defekte, Gefährdete am Rande der bürgerlichen Existenz. Der Naturalismus gestaltete einen „halben Helden" als ein Geschöpf der Umwelt. Das setzt ihn in Gegensatz zum Sturm und Drang. Aber mit ihm gemeinsam hat er ein soziales Ethos und eine Apologie der Leidenschaften. Er geht konsequent bis zur Darstellung des Häßlichen. „Schweiß und Staub" bezeichnet einer der Naturalisten als „das Selbstverständliche der Welt."

Die Form des Naturalismus war das Drama. Der Vers wurde von der Sprache des Alltags verdrängt.

Der bekannteste Vertreter des Naturalismus wurde Gerhart Hauptmann (1862—1946). Sein Drama *Vor Sonnenuntergang* (es löste bei seiner Uraufführung 1889 einen Skandal aus) war entscheidend von Holz angeregt. Das Schauspiel *Die Weber* schildert das Elend der schlesischen Weber. Hier ist nicht mehr ein Einzelner, sondern eine soziale Schicht der „Held". Die Dramen *Der Biberpelz, Rose Bernd* und *Die Ratten* kreisen in Komik und Tragik um das Leben einfacher Menschen. Das *bürgerliche Trauerspiel Fuhrmann Henschel* (1898) ist stofflich mit der Novelle *Bahnwärter Thiel* (1887) verbunden. Mit dem Traumspiel *Hanneles Himmelfahrt* kehrte sich Hauptmann bereits 1893 einer neuen Romantik zu. — Im Alter griff er zu klassischen Stoffen in der Atriden-Tetralogie.

Max Halbe wandte sich zum Natursymbol in dem Drama *Der Strom,* Hermann Sudermann schildert Menschen seiner Heimat in Dramen und Erzählungen *(Litauische Dorfgeschichten).*

Detlev von Liliencrons Lyrik entfernte sich vom Naturalismus und ging den Weg zum Impressionismus. Die Impressionisten erklärten, daß die Naturalisten durch ihre Technik der „Außenbeleuchtung" alles komplex Gedankliche und Emotionale ausklammerten. Besonders unter dem Einfluß von Freuds Psychologie wurde nun der Literatur die Dimension der exakten psychologischen Darstellung hinzugewonnen, nachdem dem Naturalismus die Eroberung der tangiblen Wirklichkeit gelungen war. Den Naturalismus überwanden die *Neuromantiker,* die *Neuklassiker* und die Dichter des *Jugendstils,* die innere *und* äußere Wirklichkeit gestalteten.

Eine neue Würdigung der Rolle des Dichters — dessen Subjektivität der Naturalismus als störend empfunden hatte —, und eine Renaissance der Formkultur führten zum Schönheitskult Stefan Georges (*Das Jahr der Seele,* 1897), und der Lyrik Rainer Maria Rilkes (1875—1926). Rilkes Werk erscheint kaum berührt von den Fragen der Zeit. Der Dichter gibt den vergänglichen Dingen Dauer im Wort in den *Dinggedichten* („Der Panther", „Flamingos", „Das Karussell") der Sammlungen *Neue Gedichte* und *Der Neuen Gedichte anderer Teil.* Der Roman *Die Aufzeichnungen des Malte Laurids Brigge* enthält ein „Lied", das als Ausdruck der Gefährdung des sensiblen Dichters Brigge verstanden werden kann:

Du, der ichs nicht sage, daß ich bei Nacht
weinend liege,
deren Wesen mich müde macht
wie eine Wiege.
Du, die mir nicht sagt, wenn sie wacht
meinetwillen:
wie, wenn wir diese Pracht
ohne zu stillen
in uns ertrügen?

————

Sieh dir die Liebenden an,
wenn erst das Bekennen begann,
wie bald sie lügen.

————

Du machst mich allein. Dich einzig kann ich vertauschen.
Eine Weile bist du's, dann wieder ist es das Rauschen,
oder es ist ein Duft ohne Rest.
Ach, in den Armen hab ich sie alle verloren,
du nur, du wirst immer wieder geboren:
weil ich niemals dich erhielt, halt ich dich fest.

Rilkes Schaffen gipfelt in den *Duineser Elegien,* deren Entstehung von den *Sonetten an Orpheus* begleitet wurde.

Hugo von Hofmannsthals (1874—1929) lyrische Dramolette und melodiöse Gedichte fragen aus einem Zustand der Lebensferne — Hofmannsthal nennt diesen Zustand der Entfremdung „Präexistenz" — nach der Erfüllung des Lebens *(Der Tor und der Tod).* Ein Wort Hofmannsthals aus dem Prolog zur Arthur Schnitzlers *Anatol* bezeichnet wohl auch den jungen Dichter selbst: „Frühgereift und zart traurig..." *Das Salzburger große Welttheater* und *Jedermann* folgen mittelalterlicher Revuetechnik. Für Opern von Richard Strauß hat Hofmannsthal Libretti geschrieben: *Elektra; Ariadne auf Naxos; Der Rosenkavalier.* Den Glanz des untergehenden Österreich spiegeln die Lustspiele *Der Schwierige; Der Unbestechliche.*

Der Wiener Arzt Arthur Schnitzler (1862—1931) — befreundet mit Sigmund Freud — schrieb nuancierte psychologische Studien, namentlich dramatische Skizzen *(Anatol; Reigen),* die Groteske *Der grüne Kakadu,* die Tragikomödie *Das weite Land* und Novellen wie *Lieutenant Gustl,* in denen Schnitzler den Joyceschen *monologue intérieur* vorausnimmt.

Frank Wedekinds (1864—1918) *Frühlings Erwachen* ist G. Büchner verpflichtet. Wedekind gewinnt dem Konflikt der Geschlechter eine tragische Dimension in dem Einakter *Kammersänger* und der *Lulu-Trilogie* ab. Wedekind ist auch als Erzähler hervorgetreten *(Rabbi Esra; Der Brand von Egliswyl)*. Als einer der *Elf Scharfrichter* in München hat Wedekind das deutsche Kabarett begründen helfen.

Börries von Münchhausen belebte die Kunst der Ballade *(Balladen und ritterliche Lieder)*.

Der Bayer Ludwig Thoma schrieb saftige Lokalkomödien *(Erster Klasse; Moral)*, Erzählungen *(Lausbubengeschichten,* 1905) und Bauernromane. Er redigierte zeitweilig auch die satirische Zeitschrift *Simplizissimus,* deren Kritik sich besonders gegen das wilhelminische Regime und die zeitgenössische Bougeoisie richtete.

Abseits von politischen Fragen hielten sich die Humoristen Christian Morgenstern, Joachim Ringelnatz und Karl Valentin (1882—1948).

2. Expressionismus

Der Weltkrieg schloß die bürgerliche Ära ab. Die Welt sollte jetzt einem „neuen Menschen" gehören. Ihn suchte der Expressionismus mit ekstatischer Glut. In der Anthologie expressionistischer Lyrik *Menschheitsdämmerung* (1920) vereinen sich die Stimmen Franz Werfels, Georg Trakls, Georg Heyms u. a. Werfel will Bruderliebe in den Menschen erwecken: „Mein einziger Wunsch ist, dir, o Mensch, verwandt zu sein."

Bilder „sanfter Trauer" und Schwermut bezeichnen die Verse Georg Trakls *(Gedichte,* 1913). Heym dichtete einen Totentanz der Großstadt Berlin *(Der ewige Tag; Umbra vitae,* 1912). Georg Heyms Prosa gehört zu den ausdrucksstärksten Zeugnissen des Expressionismus.

Das „Tier Großstadt" ist Schauplatz der Erlebnisse eines entlassenen Sträflings in dem Roman *Berlin Alexanderplatz* des Erzählers Alfred Döblin (1876—1957).

Der Expressionismus drängte zur Bühne. Die Dramen Georg Kaisers (1878—1945) sind Gedankenspiele um das Ethos des „neuen" Menschen *(Die Bürger von Calais,* 1919). Carl Sternheim karikiert die Bourgeoisie in seinen Dramen *(Die Hose,* 1911; *Bürger Schippel)*. Ernst Tollers Schauspiele setzen den einsamen Einzelnen in Konflikt zu der Masse, deren Los er bessern will *(Masse Mensch)*. Auch Arbeiter wie Heinrich Lersch nahmen jetzt schöpferisch an der Literatur teil.

Der Expressionismus war im Grunde zuversichtlich. Hoffnungslos aber sah der Berliner Arzt Gottfried Benn (1885—1956) in der Schöpfung „ein Laster Gottes" und im Leben eine Krankheit. Ekel und Elend bezeichnen seine Gedichtsammlung *Morgue* (1912), in die er auch medizinische Terminologie einführt. — Gedämpfter sind die *Statischen Gedichte* (1948), die Benn nach dem Zusammenbruch des Hitler-Regimes veröffentlichte. Die Ästhetik seiner „Marburger Rede" *Problem der Lyrik* hat das Schaffen der jungen Dichtergeneration nach dem zweiten Weltkrieg mitbestimmt.

3. Von Weimar bis zum Zusammenbruch des Dritten Reiches

Franz Kafkas (1883—1924) sprachsicheres Werk trägt surrealistische Züge. Kafkas Roman *Der Prozeß* und *Das Schloß* gestalten eine ausweglose, paradoxe, gottferne Welt, in der „K." von anonymen Gewalten übermächtigt wird. Gleichgestimmt sind Kafkas Parabeln und Erzählungen *(Das Urteil; Aus der Strafkolonie; Die Verwandlung)*. Das Roman-Fragment *Amerika* zeigt einige hellere Farben.

Der Österreicher Karl Kraus gründete 1899 die Zeitschrift *Die Fackel*, die er von 1911 bis zu seinem Tode 1936 nur mit eigenen Beiträgen herausgab. Er war ein unerbittlicher Sprachkritiker, für den sich Ethos und Sprachform deckten. Als tiefgründiger Zeitkritiker und Satiriker erwies sich Kraus in dem Antikriegsdrama *Die letzten Tage der Menschheit.*

Robert Musil (1880—1942) schrieb nach dem Roman *Die Verwirrungen des Zöglings Törleß* einen großangelegten „Gesellschaftsroman der untergehenden Donaumonarchie": *Der Mann ohne Eigenschaften.*

Hermann Broch (1886—1951) schuf Romane des verfallenden Bürgertums. Sein Hauptwerk, *Der Tod des Vergil,* ist als umfangreicher Monolog des sterbenden Dichters ausgeführt.

Als einer der bedeutendsten Dramatiker der ersten Hälfte des 20. Jahrhunderts dürfte sich Ödön von Horvath (1901—38) erweisen. Seine Stücke (*Geschichten aus dem Wienerwald*, 1931) stehen formal in der Tradition von Lenz und Büchner. Heimito von Doderer gestaltete in seinen Romanen *(Die Strudelhofstieg; Die Dämonen)* das Österreich der zwanziger Jahre. — Strenge Form kennzeichnet Joseph Weinhebers Dichtung *(Adel und Untergang; Hier ist das Wort).*

Hermann Hesses Roman *Der Steppenwolf* (1927) zeichnet sich durch sinnenhafte, schlichte Prosa aus.

Thomas Mann (1875—1955) war betroffen von dem Gegensatz zwischen Geist und Natur. Resigniert betrachtete er den Sieg des gesunden

Gewöhnlichen über den geistig differenzierteren Künstler *(Buddenbrooks; Tonio Kröger; Der Tod in Venedig)*. Diese immer wieder in Variationen ausgearbeitete Thematik Thomas Manns verdeutlicht eine Passage aus der Novelle *Tonio Kröger:*

> ... *Moulinet des dames!* Lachtest du, blonde Inge, lachtest du mich aus, als ich *moulinet* tanzte und mich so jämmerlich blamierte? Und würdest du auch heute noch lachen, nun da ich doch so etwas wie ein berühmter Mann geworden bin? Ja, das würdest du und würdest dreimal recht daran tun! Und wenn ich, ich ganz allein, die *neun Symphonien*, die *Welt als Wille und Vorstellung* und das *Jüngste Gericht* vollbracht hätte, — du würdest ewig recht haben, zu lachen ... Er sah sie an, und seine Verszeile fiel ihm ein, deren er sich lange nicht erinnert hatte und die ihm doch so vertraut und verwandt war: „Ich möchte schlafen, aber du mußt tanzen."

Symbol des kranken Europa ist das Sanatorium in Manns Roman *Der Zauberberg*. Mit der Geistesgeschichte befassen sich eine Fülle von Essays und die Romane *Lotte in Weimar* und *Doktor Faustus*. Vor seinem Tode vollendete Mann *Die Bekenntnisse des Hochstaplers Felix Krull*, die Biographie eine glücklichen Gewöhnlichen.

Thomas Manns Bruder Heinrich schlägt einen gesellschaftskritischen Ton an in seinen satirischen Romanen um die wilhelminische Gesellschaft *Der Untertan* und *Professor Unrat* (nach dem Zuckmayer das Drehbuch für den Film *Der Blaue Engel* schrieb).

Carl Zuckmayers Schauspiele bewegen sich um Lebenslust und Todesnot — oft vor einem politischen Hintergrund *(Der Hauptmann von Köpenick; Des Teufels General)*. Zuckmayer ist auch als Erzähler hervorgetreten *(Als wär's ein Stück von mir)*.

Bertolt Brecht (1898—1956) entwickelte die Theorie des antiillusionistischen „epischen" Theaters. Seinem dramatischen Frühwerk *Baal* folgte die gesellschaftskritische *Dreigroschenoper* (1928), ein Stück mit Musik von Kurt Weill, aus der Welt der Londoner Bettler, nach John Gay. In der Zeit des Dreißigjährigen Krieges spielt *Mutter Courage und ihre Kinder;* dieses Drama entstand 1938 in Skandinavien.

Im Exil schrieb Brecht auch die antifaschistischen Stücke *Der aufhaltsame Aufstieg des Arturo Ui* (gemeint ist Hitler), *Schweyk im zweiten Weltkrieg, Furcht und Elend des Dritten Reiches*. Brecht war nach 1945 in der Lage, sein episches Theater (Verfremdung — V-Effekt; Einbeziehung des Publikums in das Bühnengeschehen) durch sein Berliner Ensemble theoretisch und praktisch zu entfalten. Er führte Regie, besonders in eigenen Stücken: *Leben des Galilei; Herr ¡Puntila und sein Knecht Matti; Der kaukasische Kreidekreis.*

Brechts Erzählungen *(Kalendergeschichten; Geschichten vom Herrn Keuner)* stehen seinen politischen Überzeugungen näher als seine Gedichte, die zum Teil als *Songs* in die Stücke eingelegt sind.

Trotz Brechts marxistischem Optimismus werden in seinem Werk Zweifel an der Verwirklichung des Guten laut:

> ... Denn wer könnte lang sich weigern, böse zu sein, wenn da stirbt, wer kein Fleisch ißt?

> *(Der gute Mensch von Sezuan)*

Expressionismus und „Neue Sachlichkeit" wurden von den Werken humoristischer und satirischer Autoren begleitet. Kurt Tucholsky setzte seine überlegene satirische Kraft gegen nationale Vorurteile, die Schwächen der Weimarer Republik und die Unmenschlichkeit des Nationalsozialismus ein. Er war Mitarbeiter der *Weltbühne* (deren letzter Herausgeber, Carl von Ossietzky, in einem Konzentrationslager der Nationalsozialisten umkam). Erich Kästner versenkte sich immer wieder in die Welt des Kindes, die er nicht verdorben findet wie die Mitwelt, auf die er seine Satire richtet. Den Goetheschen Vers

> Kennst du das Land, wo die Zitronen blühn

verfremdet Kästner:

> Kennst Du das Land, wo die Kanonen blühn?

Möge Kästner Unrecht behalten, wenn er fragt:

> Kennst Du das Land? Es könnte glücklich sein.
> Es könnte glücklich sein und glücklich machen!
> Dort gibt es Äcker, Kohle, Stahl und Stein
> und Fleiß und Kraft und andre schöne Sachen.
> Selbst Geist und Güte gibt's dort dann und wann!
> Und wahres Heldentum. Doch nicht bei vielen.
> Dort steckt ein Kind in jedem zweiten Mann.
> Das will mit Bleisoldaten spielen.

4. Vom Ende des Zweiten Weltkrieges bis zur Gegenwart

Im „Dritten Reich" verstummten die Stimmen der Dichter. Thomas und Heinrich Mann, Zuckmayer, Brecht, Nelly Sachs und viele andere lebten im Exil. Die weitverbreitete Hoffnung, daß in den Schubladen der Dichter der „inneren Emigration", die in Deutschland verblieben waren, sich bedeutende Werke befänden, die nach dem zweiten Weltkrieg mitgeteilt würden, erfüllte sich nicht.

Die Verzweiflung der jungen Kriegsgeneration gewann Form im Drama des frühvollendeten Wolfgang Borchert (1921—1947) *Draußen vor der Tür* und in seinen Erzählungen *(Die Hundeblume; Schischyphusch)*.

Heinrich Böll (geboren 1917 in Köln) veröffentlichte 1953 einen Band Erzählungen mit dem aufschlußreichen, verfremdenden Titel *Wanderer kommst du nach Spa* ... Die Sammlung veranschaulicht eine formale und thematische Tendenz der gegenwärtigen deutschen Literatur: Rückkehr zur gesprochenen Sprache und ‚sprachlicher Aufstand' gegen obrigkeitliche Willkür und Unmenschlichkeit. Beide Tendenzen verbinden sich in der Erzählung *An der Brücke* eng miteinander.

Mit dem Nachkriegsschicksal, zunächst insbesondere einfacher Menschen, dann auch von Angehörigen des Bürgertums, setzen sich Romane auseinander, die Böll in den fünfziger und sechziger Jahren veröffentlichte: *Wo warst du, Adam?; Und sagte kein einziges Wort; Billiard um halbzehn; Ansichten eines Clown;* 1971 erschien *Gruppenbild mit Dame*.

Kritik an der Nachkriegswirklichkeit des „Wirtschaftswunders" übt Böll in Satiren *(Doktor Murkes gesammeltes Schweigen)*, Erzählungen, beispielsweise *Ende einer Dienstfahrt*, sowie in Vorlesungen, Aufsätzen und Reden („Die Sprache als Hort der Freiheit").

1959 veröffentlichte Günter Grass seinen ersten Roman *Die Blechtrommel*, dem *Hundejahre* und *örtlich betäubt* folgten. Daneben stehen die Novelle *Katz und Maus*, Gedichte und Dramen *(Onkel, Onkel; Die Plebejer proben den Aufstand)*. Grass ist auch durch politische Reden, in denen er an die demokratischen Rechte und Pflichten des Bürgers erinnert, hervorgetreten. Thematisch richtet sich sein Werk gegen die Kräfte, die das Dritte Reich ermöglicht haben. Wie Borchert und Böll kehrt sich auch Grass in einem ‚sprachlichen Aufstand' von der literarischen Hochsprache ab und integriert Idiomatismen und Eigenformen gesprochener Sprachgeschichten in seine literarische Form ein. Er enthüllt den Jargon — das „Braunwelsch" der Nationalsozialisten und belebt die deutsche literarische Sprache durch seinen Rückgriff auf das gesprochene Deutsch.

Uwe Johnson behandelt die Thematik des geteilten Deutschland *(Das dritte Buch über Achim)*. — In der Deutschen Demokratischen Republik sind die Dichter Johannes Bobrowski *(Sarmatische Zeit)* und Peter Huchel *(Chausseen, Chausseen)* und der Dramatiker Peter Hacks, ein Schüler Brechts, hervorgetreten. Auch die sozialistische Erzählerin Anna Seghers *(Das siebte Kreuz)* ist in der DDR beheimatet.

Martin Walser, Romancier *(Ehen in Philippsburg)* und Dramatiker *(Eiche und Angora)*, verweist in *Heimatkunde: Aufsätze und Reden* auf die Polarität von Hochsprache und Stammessprache als „Muttersprache" (Walser ist Schwabe); in dieser Spannung zwischen Stammessprache und Hochsprache stehend, muß auch der moderne deutsche Autor noch aus seiner stammlichen Muttersprache in literarische Deutsch „übersetzen".

Der Schweizer Max Frisch (geboren 1911) schuf Romane — *Stiller; Mein Name sei Gantenbein* — und zeitkritische Dramen: *Biedermann und die Brandstifter; Andorra;* auch seine Tagebuchaufzeichnungen spiegeln die Problematik der Stellung des Individuums in der Gesellschaft der Gegenwart. Die Komödie *Don Juan oder Die Liebe zur Geometrie* stellt einen Don Juan vor, der leidenschaftlich die Mathematik, nicht die Frauen, liebt. Aus dem Schaffen seines Landsmanns Friedrich Dürrenmatt ist die schwarze Komödie *Der Besuch der alten Dame* (1956) hervorzuheben.

Den Neubeginn der Lyrik nach dem zweiten Weltkrieg, gewissermaßen an einem Nullpunkt, macht ein Gedicht des Lyrikers und Hörspielautors Günter Erich klar:

*Inventur**

Dies ist meine Mütze,
Dies ist mein Mantel,
Hier mein Rasierzeug
Im Beutel aus Leinen.

Konservenbüchse:
Mein Teller, mein Becher,
Ich hab in das Weißblech
Den Namen geritzt.

Geritzt hier mit diesem
Kostbaren Nagel,
Den vor begehrlichen
Augen ich berge.

Im Brotbeutel sind
Ein Paar wollene Socken
Und einiges, was ich

---

* Der Abdruck des Gedichts „Inventur" von Günter Eich erfolgt mit Genehmigung des Verlags Suhrkamp in Frankfurt am Main.

Niemand verrate,
So dient es als Kissen
Nachts meinem Kopf.
Die Pappe hier liegt
Zwischen mir und der Erde.

Die Bleistiftmine
Lieb ich am meisten:
Tags schreibt sie mir Verse,
Die nachts ich erdacht.

Dies ist mein Notizbuch,
Dies ist meine Zeltbahn,
Dies ist mein Handtuch,
Dies ist mein Zwirn.

Auch Verse Volker von Törnes sind formal und thematisch aufschluß-reich für die neue deutsche Lyrik:

Mein Großvater starb
an der Westfront;
mein Vater starb
an der Ostfront: an was
sterbe ich?

Theodor Adorno bezweifelte, ob nach Auschwitz noch ein deutsches Gedicht möglich sei. Dieser Zweifel dürfte angesichts der Lyrik von Paul Celan (1920—1969) und Nelly Sachs (1891—1972) zerrinnen.

Politisch engagierte dokumentarische Theaterstücke schrieben Rolf Hochhuth (*Der Stellvertreter,* 1963), Peter Weiss (*Die Verfolgung und Ermordung Jean Paul Marats dargestellt durch die Schauspielgruppe des Hospizes zu Charenton unter Anleitung des Herrn de Sade,* 1964) und Heinar Kipphardt (*In der Sache J. Robert Oppenheimer*).

Das gegenwärtige Theater neigt zur Auflösung der Individualität der Charaktere, zu einer Form der „Gruppenindividualität" und zu Gemeinschaftserlebnissen *(Happening),* in denen die Trennung von Bühne und Zuschauer überwunden wird. Diese Tendenzen zeichnen sich im Werk von Peter Handke ab.

HEINZ FISCHER

Theater

Die folgenden Hinweise auf die Entwicklung des deutschsprachigen Theaters — der Bühnenkunst (Schauspielkunst, Bühnenform), des Dramas und der Dramaturgie — können in diesem Rahmen nur einen knappen Überblick bieten.

I. Anfänge und geistliche Spiele des Mittelalters

Die Diskussion über die Ursprünge des deutschen Dramas ist noch im Fluß. Es darf angenommen werden, daß es sich (a) aus dem vorchristlichen „Jahresdrama" und (b) aus liturgischen Feiern, namentlich der Osterliturgie, entwickelt hat.

Das „Jahresdrama" — die Vertreibung des Winters durch den Sommer — lebt in vielen Volksbräuchen noch heute fort. Sir James Frazer hat in seiner grundlegenden Studie *The Golden Bough* die Ursprünge und das Fortleben dieser Bräuche untersucht und nachgewiesen.

Die liturgische Osterfeier hat zur Entwicklung des mittelalterlichen geistlichen Spiels geführt. Der St. Galler Mönch Tuitilo dichtete vor 915 einen Tropus, der in die Osterfeier eingefügt wurde:

> „Quem quaeritis in sepulchro, christicolae?"
> „Jesum Nazarenum crucifixum, o caelicolae."
> „Non est hic, surrexit, sicut praedixerat,
> Ite nuntiate, quia surrexit de sepulchro."

Dieser Tropus wurde von Klerikern gesungen, die den Wächter-Engel am Grab Christi und die drei Marien darstellten. Die Frage des Engels und die Antwort der Marien wurden die Keimzelle einer Handlung, die sich mehr und mehr erweiterte. Apostel, Römer und Juden wurden eingeführt. Als humoristisches Element kam ein Wettlauf der Apostel durch die Kirche zum Grab dazu.

Die Verbindung vorchristlicher Elemente mit liturgischem Spiel dürfte durch eine „Mercator-" oder „Arztszene" zustandegekommen sein. Maria Magdalena kauft eine Salbe für Jesus. Der alte Salbenkrämer hat eine schöne Frau und einen jungen Knecht, Rubin. Diesem Dreiecksverhältnis liegt wahrscheinlich ein Element alter Fruchtbarkeitsriten zugrunde. Adam de la Halle hat in seinem Spiel *Robin et Marion* diese Szene außerhalb des liturgischen Rahmens als kleine Oper gestaltet.

Komische Einlagen und die Verwendung der deutschen Sprache bedingten die Verdrängung des mittelalterlichen geistlichen Spiels aus dem Raum der Kirche. Das erste deutsche Spiel in deutscher Sprache war das *Osterspiel von Muri* (um 1250). Im „Redentiner" Osterspiel (1264) herrscht eine Standessatire mit einem Teufelsspiel vor. Im dritten *Erlauer Spiel* aus dem 15. Jahrhundert spielt die Arztszene mit 885 von 1331 Versen eine bezeichnende Rolle. Rubin kämpft mit dem alten Medicus um dessen Frau, die dem jüngeren Rubin folgt.

Mit dem Aufstieg der Städte wurden geistliche Spiele als Passionsspiele reich ausgestattet. Schon die Frankfurter Dirigierrolle um 1350 empfiehlt, das Passionsspiel auf zwei Tage zu verteilen. Das vom Frankfurter abhängige *Alsfelder Passionsspiel* wurde um 1500 an drei Tagen gespielt. Es gab 172 Sprechrollen.

Ein Tiroler Spiel wurde 1514 in Bozen „auf 7 tag gespilt". Das Oberammergauer und das Erler Passionsspiel reichen bis in die Gegenwart. Das Oberammergauer Spiel wird alle zehn Jahre in dem bayerischen Ort Oberammergau, das Erler in dem österreichischen Dorf Erl in Tirol aufgeführt. Es sind Dankspiele, die auf Gelübde zurückgehen.

Neben dem Oster- und Passionsspiel entwickelte sich das Weihnachtsspiel. Seine Anfänge reichen in das 11. Jahrhundert zurück. Schon Herrad von Landsberg beklagt um 1160 weltliche Züge. In dem hessischen *Alsfelder Weihnachtsspiel* aus dem 15. Jahrhundert hören wir von Liebesaffären der Mägde, die Josef — seine Hose spielt eine gewisse Rolle — beschimpfen und verprügeln; Josef beschließt das Stück mit dem Wunsch: „wir woln geen zu dem guden Bier."

Neben dem Weihnachtsspiel gab es noch Legendenspiele, Marienklagen und Fronleichnamsspiele, die durch die folgenden Beispiele bezeichnet werden: das *Spiel von den klugen und törichten Jungfrauen,* das 1322 in Eisenach aufgeführt wurde; wir wissen, daß der Thüringer Landgraf Friedrich mit der gebissenen Wange plötzlich starb, nachdem ihn dieses Legendenspiel tief erschüttert hatte; die *Bordesholmer Marienklage* (um 1475) und das *Fronleichnamsspiel von Künzelsau* (1479). Das *Theophilusspiel* (um 1450) dagegen ist nicht mehr an einen bestimmten Tag des Kirchenjahres oder an eine Jahreszeit gebunden. In diesem Spiel um das Faust-Motiv des Teufelspaktes schließt Bischof Theophilus einen Pakt mit dem Satan, um „zu Geld, Weibern und Ehren" zu kommen.

„Moralitäten" heißen die Dramen des ausgehenden Mittelalters und der Reformationszeit, in denen die Träger der Handlung ausschließlich oder vorwiegend personifizierte Abstrakta sind. Zu ihnen gehören *Totentänze*, wie der *Lübecker Totentanz* (1463).

Der Schwerpunkt der Moralitäten liegt in Niederdeutschland. Es geht um sittliche Belehrung, im Gegensatz zu der dogmatischen, der „Mysterienspiele". Diese sittliche Belehrung fußte auf christlicher Moral.

Der *Ludus de Antichristo* eines Tegernseer Mönchs, verfaßt um 1160, steht außerhalb dieser Spieltraditionen. Seine Bedeutung liegt in der Veranschaulichung der mittelalterlichen Kaiseridee. Der deutsche Kaiser, der die Erde unterworfen hat, gibt am Ende der Zeit Gott seine Krone zurück.

Die Bühnenform des geistlichen Spiels waren vorwiegend der *loca* der Simultanbühne. Auf dem Marktplatz waren verschiedene Bühnen aufgestellt, die das Grab Christi, den Palast des Pilatus, den Palast des Herodes, das Haus der Apostel usw. darstellten. Die Zuschauer wechselten ihren Standort mit dem Fortgang der Handlung von Bühne zu Bühne. Die Darstellungsform der Laienspieler hatte sozusagen, um mit Brecht zu sprechen, einen „epischen" Zug. Der Darsteller „zeigte" seine Rolle, aber vermochte oder wagte es nicht, sich mit ihr zu identifizieren. Es scheint allerdings, daß sich die komischen Figuren und die Teufel, die auch als Festordner tätig waren, in ihre Rollen eingelebt haben. Die Gewänder waren aus der Zeit genommen. Auf optisch wirksame Regie wurde Gewicht gelegt.

II. Die Fastnachtsspiele

Das älteste uns erhaltene weltliche Spiel ist *Neidhard mit dem Veilchen* (um 1350), ein derbes Frühlingstanzspiel um den Dichter Neidhard von Reuental. Im 15. Jahrhundert wurde daraus das große *Neidhardspiel* mit 68 Sprechrollen. Der *Tanawäschel* (1414) bringt bereits eine Gerichtsszene. Der „Tanawäschel" ist eine ansteckende Krankheit. Ein Ritter klagt, er habe ihm seine schöne Frau geraubt. Den Nonnen stört er die Andacht, dem Kaufmann seinen Handel. Schließlich wird der Tanawäschel zum Tod verurteilt.

Das Fastnachtsspiel ist im ganzen deutschen Sprachgebiet verbreitet. Es steht in Verbindung mit vorchristlichen Frühlingsriten — von denen schon Tacitus spricht —, durch die das Wachstum der Natur günstig beeinflußt werden sollte. Wachstumsmagie wird begleitet von Vertreibungsmagie. Im Fastnachtsspiel mischen sich diese ursprünglich rituellen Elemente. Im Hinblick auf die Bedeutung der imitativen Magie herrscht in den Fastnachtsspielen eine vitale Bejahung der geschlechtlichen Kräfte des Menschen vor, wobei uralte Wachstumsmotive sich in sexueller Komik verselbständigen.

Das Revuespiel *Von den sieben Weibern*, die einen Mann beanspruchen, das *Eggenspiel*, in dem sieben Mägde vor einen Pflug gespannt werden, oder das *Spiel vom Einsalzen* (unfruchtbarer Frauen) erinnern an altes Fruchtbarkeitsdenken.

Der Schwerpunkt des Fastnachtsspiels liegt in Nürnberg, wo Hans Rosenplüt (um 1450), Hans Folz (um 1500) und namentlich Hans Sachs (1494—1576) tätig waren. Hans Sachs, „Schumacher und Poet dazu", schuf 198 Bühnenwerke, von denen er 64 als Fastnachtsspiele, 59 als Tragödien, 65 als Komödien und 10 einfach als Spiele bezeichnete. Tragödien und Komödien führte Sachs auf seiner Meistersingerbühne in der Marthakirche auf. Er war selbst Spielleiter und Schauspieler. Einige seiner Fastnachtsspiele werden noch heute aufgeführt; besonders beliebt ist *Der fahrende Schüler im Paradies*. Im *Faust* hat Goethe den Knittelvers von Hans Sachs übernommen.

III. Klassisches Erbe — lateinisches Humanisten-, Schul- und Ordenstheater

Durch die Wiederentdeckung der klassischen griechischen und lateinischen Literatur in der Zeit des Humanismus und der Renaissance einerseits, und durch Reformation und Gegenreformation andererseits, wurden dem Theater im 16. Jahrhundert neue Wege gewiesen.

Die Erinnerung an das klassische Erbe der Antike war im Mittelalter nur vage und unsicher. Nur einige dramatische Werke waren bekannt. Man war nicht mit der Form der Aufführungen vertraut und dachte, daß die Dramen nicht gespielt, sondern nur rezitiert worden waren. Hrotsvith, eine Nonne in Gandersheim, schrieb um 1000 nach dem Vorbild des Terenz einige Dialoge, z. B. *Dulcitius*, wahrscheinlich lediglich zur Lektüre der Nonnen ihres Klosters.

Die Humanisten entdeckten Werke römischer und griechischer Dramatiker und führten sie auf. Nikolaus von Cues fand 1427 zwölf verschollene Komödien von Plautus. 1486 wurde der *Eunuchus* von Terenz in Wien gespielt.

Die Humanisten schrieben ihre Dramen in lateinischer Sprache und in der Form der klassischen Dramen; ihre Thematik umfaßte allerdings Probleme der eigenen Zeit. Das erste humanistische Drama, Jacob Wimphelings *Stilpho* (1480), stellt den Abstieg eines arroganten, faulen Studenten zum Schweinehirten dar, während der arme, eifrige Vincentius vom Schweinehirten zum Bischof aufsteigt.

Das Theater der Humanisten verleiht aber auch jener Freude Ausdruck, die wir in Huttens Ausruf *Juvat vivere!* (Es ist eine Lust zu leben!) vernehmen. Das Theater der Renaissance feiert den Glanz dieser Welt, den Reichtum der Fürsten und ihrer Höfe, die Freude am Leben und die Kunst der Liebe. Diese Feier des Lebens liegt dem *Ludus Dianae* zugrunde, den Conrad Celtis 1501 zu Ehren des Kaisers Maximilian und seiner Gattin aufführte. Der Kaiser wurde in das Spiel einbezogen und trat im Rahmen der Handlung selbst auf.

Die Reformation brachte das Ende des Fastnachtsspiels, aber das weltliche Spiel wirkte weiter im humanistischen Theater. Johann Reuchlin bearbeitete in *Henno* (1497) die Fabel einer Farce. Die Derbheit des Fastnachtsspiels greift über in die Spiele der Glaubenskämpfe. In Gerbels *Eccius dedolatus* wird Dr. Eck, der Gegner Luthers, kuriert. Die Kur besteht darin, daß er ein Brechmittel nimmt, worauf er alle Bücher, die er unverdaut in sich aufgenommen hat, von sich gibt.

Noch schärfer im Ton ist Naogeorgs „protestantisches Kampfdrama" *Pammachius;* der Papst wird darin als Antichrist dargestellt, den Theophilus (Luther) besiegt.

Luther empfahl aus pädagogischen Gründen Schüleraufführungen als Lateinübung, Redeübung und Lebenslehre.

Johann Sturm entwickelte im 16. Jahrhundert das bedeutendste Schultheater an seiner Straßburger Akademie. Er duldete keine polemischen Stücke. Das Repertoire umfaßte lateinische und griechische Klassiker, aber auch neulateinische Stücke. Der Straßburger Rat unterstützte dieses Schultheater, und man kann deshalb für einige Zeit von einer Art Straßburger „Stadttheater" sprechen.

Unter den neulateinischen Dramatikern ragt Nicodemus Frischlin heraus, der auch schon Schuldramen in deutscher Sprache schrieb.

Das Schultheater verwendete die „Badezellenbühne": im Hintergrund eines leeren Podiums waren Vorhänge zwischen Pfeilern nebeneinander angebracht. Jeder dieser Vorhänge bezeichnete ein „Haus". Den „Optimalfall" des Schul- und Barocktheaters stellt das Jesuitentheater dar. Es war ein Kampfmittel der Gegenreformation. Das Jesuitentheater stellte das Leben unter den Aspekt der Ewigkeit und erinnert den Menschen der Reformationszeit an die Rolle der Kirche als *mediatrix*. Es erreichte seinen Höhepunkt in Jakob Bidermanns *Cenodoxus* (1602), dem falschen Doktor aus Paris, der nicht fromm ist, sondern nur fromm scheint. Nach dem Tod des Cenodoxus (der sprechende Name bedeutet „leerer Glaube") hören die tief erschütterten Zuschauer aus dem Sarg Rufe der Verzweiflung: *„Accusatus sum! / Judicatus sum! / Condemnatus sum!"*

Die *ludi caesarei* des Wiener Jesuiten Nikolaus von Avancini zeigen mit ihrem üppigen theatralischen Apparat eine Tendenz zum „Gesamtkunstwerk": „Das Sinnhafte wird hier umgesetzt in das Sinnenhafte" (O. Mann). Hunderte von Darstellern in prächtigen Kostümen, reiche Dekorationen, Feuerwerke, Wasserspiele, Tanz und Musik vereinigen sich zu einer berauschenden Huldigung Gottes und des christlichen Herrschers.

IV. Von den englischen Komödianten zu Gottsched.
Triumph und Vertreibung des Harlekin

Am Ende des 16. Jahrhunderts kamen die ersten englischen Komödianten nach Deutschland. Das Wort der Dichter (Shakespeare, Marlowe, Kyd) wurde von den deutschen Zuschauern nicht verstanden. Die englischen Schauspieler betonten deshalb das mimische Spiel und stellten die lustige Person, den *Pickelhering*, in den Mittelpunkt. Der Vers des Dichters wurde in einfacher Prosa zu dramatischem Rohstoff zerschlagen. Damit wurde aber auch die Verbindung zu einem breiten Publikum hergestellt und allgemeine Verständlichkeit durch den Mimus gewonnen, sowie eine stark ausgeprägte Handlung und einprägsame Charaktere. Zuerst gab es nur einige deutsche Mitspieler in den englischen Truppen, später überwogen sie. Seit der Mitte des 17. Jahrhunderts finden wir deutsche Wandertruppen unter deutschen Prinzipalen wie die „berühmte Bande" von Johannes Velten. Velten gab seine Universitätstätigkeit auf und wandte sich dem Theater zu. Er arbeitete besonders an einem umfassenden Repertoire und brachte Stücke aus England, Frankreich — insbesondere Molière —, Italien und Spanien. Er spielte auch deutsche Stücke der Schlesischen Schule. Damit gab es nicht nur deutsche Berufsschauspieler (und -schauspielerinnen), deutsche Dramatiker schrieben auch für eine professionelle Bühne. Martin Opitz schrieb nach einem italienischen Vorbild die erste deutsche Oper *Dafne* (1627). Diese Oper mit Musik von Heinrich Schütz ist leider verloren gegangen. In seinem *Buch von der deutschen*

Poeterei (1624) forderte Opitz, daß die Tragödie „nur von königlichem Willen, Totschlägen, Verzweiflungen ... handelt"; die Komödie zeigt für ihn dagegen „Sachen, die täglich unter gemeinen Leuten vorfallen".

Andreas Gryphius schrieb namentlich Tragödien in Alexandrinern (*Catharina von Georgien*), aber auch Komödien im schlesischen Dialekt.

Bühnenbild von Guiseppe Galli-Bibiena
im Markgräflichen Opernhaus Bayreuth

Lohenstein gestaltete gemischte Charaktere und stellte besonders komplexe Frauengestalten in den Mittelpunkt seiner Tragödien, die nicht „gut" oder „schlecht" waren, sondern eine Wandlung durchmachten *(Sophonisbe)*.

Im 17. Jahrhundert setzte sich die *Guckkastenbühne* durch, die vor den Zuschauern durch einen Vorhang getrennt war. Zuerst verwandelte man das *Bühnenbild* durch *Telari*. Diese Telari waren dreiseitige Prismen, die auf beiden Seiten der Bühne aufgestellt waren. Die Seiten der Prismen waren bemalt. Durch Drehen der Telari konnte man neue Schauplätze darstellen. Um die Mitte des 17. Jahrhunderts wurden bewegliche *Kulissen* eingeführt. Im 18. Jahrhundert entwickelte der Theaterarchitekt Guiseppe Galli-Bibiena die *Winkelperspektive*. Die Bühnenperspektive setzte sich nicht mehr, vom Zuschauer aus gesehen, ins Unendliche fort, sondern bildete einen Winkel zum Zuschauer (s. Markgräfliches Opernhaus in Bayreuth).

Die „lustige Person" wurde durch Herzog Heinrich Julius von Braunschweig, Jakob Ayrer und das Benediktiner-Theater (Hanswurst) besonders in den Vordergrund gestellt, so daß der Harlekin (Pickelhering, Hanswurst, Jean Potage) weitgehend die Bühne beherrschte. Der Leipziger Professor Johann Christoph Gottsched unternahm es, die lustige Person zu bekämpfen. 1737 hat er den Harlekin in Leipzig von der Bühne verbannt. Lessing nannte diese Aktion, die Gottsched zusammen mit der Theaterprinzipalin Karoline Neuber (Neuberin) unternommen hatte, in seinem 17. Literaturbrief „die größte Harlekinade".

V. Lessing

Gotthold Ephraim Lessing verdiente sich seine Sporen bei der Truppe der Neuberin, die seine dramatischen Erstlinge aufführte. Wie die Neuberin selbst in späteren Jahren wandte sich Lessing heftig gegen die Bestrebungen Gottscheds. Gottsched, der das literarische Niveau des Theaters heben wollte, stellte besonders die französischen Dramatiker als Vorbild auf und betonte rigoros die Einheiten von Raum, Zeit und Handlung. Im 17. Literaturbrief griff ihn Lessing an: „Es wäre zu wünschen, daß sich Herr Gottsched niemals mit dem Theater vermengt hätte." Lessing bricht mit den drei Einheiten; er sagt, daß jede Zeit, jede Nation ihre eigenen Regeln finden müsse.

Lessing hat durch seine *Literaturbriefe* und seine *Hamburgische Dramaturgie*, die mit der *Poetik* des Aristoteles verglichen wurde, sowie durch sein dramatisches Werk das deutsche Theater entscheidend angeregt und bereichert. *Miss Sara Sampson* eröffnete eine „Ära realistischer Schauspielkunst". In dem dramatischen Gedicht *Nathan der Weise* (1779) kämpft Lessing für Toleranz in religiösen Fragen. Sein Lustspiel *Minna von Barnhelm* (1767) führt schon an die Grenze des Zeitalters der Aufklärung: Nicht mehr aus der Kraft der menschlichen Vernunft, sondern durch einen Akt königlicher Gnade ergibt sich eine glückliche Lösung.

Lessing schrieb die *Hamburgische Dramaturgie,* die 52 Theaterkritiken umfaßt, als er beim Nationaltheater in Hamburg angestellt war. Hamburger Bürger wollten zusammen mit dem Prinzipal Konrad Ackermann und seiner Truppe ein deutsches Nationaltheater begründen. Der bedeutende Schauspieler Konrad Ekhof, der Ackermanns Truppe angehörte, förderte diesen Plan besonders. Lessing wurde als Theaterkritiker gewonnen. Das Hamburger Nationaltheater bestand aber nur von 1767 bis 1769.

VI. Vom Sturm und Drang zur Romantik

Dramatisch gestellte Forderungen nach politischer und sozialer Reform belebten das Theater der „Stürmer und Dränger". Der Sturm und Drang empfing seinen Namen bezeichnenderweise von einem Schauspiel (*Sturm und Drang* von F. M. Klinger, 1776). Für die Entwicklung des deutschen Dramas wurde das Werk von Jakob Michael Reinhold Lenz formal besonders einflußreich. In den Dramen *Der Hofmeister* (der von Brecht neu bearbeitet wurde) und *Die Soldaten* verwirklichte Lenz seine dramatische Ästhetik, die er in seinen *Anmerkungen übers Theater* (1774) postuliert hatte. Seine Ästhetik führte ihn zu einer Mischtechnik, in der „Lachen und Weinen" zusammenfließen und nicht in ästhetische Kategorien geschieden sind. Die Komödie sah er als Handlung, die wie das Leben Komisches und Tragisches vereint. Raum und Zeit werden nicht mehr nach dem klassischen Prinzip der Einheit behandelt. Lenz zerreißt seine Handlung in Miniaturfetzen, und diese Fetzentechnik zeigt die Tendenz, in einer einzelnen Szene die Antimonien des Lebens zu umgreifen. Die Gestalten der Handlung werden durch ihre Sprache charakterisiert. Einheit wird durch die Darstellung der Charaktere gewonnen.

Goethe und Schiller haben an der Sturm- und Drangbewegung mit ihren Frühwerken teilgenommen. Goethes *Götz von Berlichingen* und der erst 1885 wiederentdeckte *Urfaust* (1775) sind bezeichnende Werke im Geist des Sturm und Drang, die den „großen Kerl" in Rebellion gegen seine Umwelt zeigen. Das Thema des Kindsmordes, das Goethe in seine Faustdichtung eingefügt hat, war ein verbreitetes Thema des Sturm und Drang. Schillers *Räuber, Kabale und Liebe* und *Fiesko* teilen mit dem Sturm und Drang den Geist der Anklage und sind mit ihrer Forderung nach politischer Freiheit Vorläufer von *Don Carlos* und *Wilhelm Tell*. Das Werk der Reifezeit der Klassiker Goethe und Schiller ersetzt die Gestalt des „großen Kerls" durch eine Persönlichkeit harmonischen Menschentums *(Faust; Iphigenie)*.

Schillers *Jungfrau von Orleans, Maria Stuart* und *Wilhelm Tell* sind bühnenwirksame Dramen, die nicht so sehr durch die Glaubwürdigkeit der Charaktere, sondern durch die Verkörperung eines hohen Ideals wirken. In der *Wallenstein-Trilogie* kommen Charakter- und Ideen-Drama am stärksten zur Einheit.

Goethe hat von 1791 bis 1817 als Direktor des Weimarer Theaters gewirkt. Das „Vorspiel auf dem Theater" im *Faust* deutet auf Goethes Erfahrungen als Theaterdirektor hin. In *Regeln für Schauspieler*, die aus seiner Theaterarbeit „schriftlich übrig geblieben" sind, fordert Goethe formalistisch, daß der Schauspieler die Natur „idealisch vorstellen" soll. Goethe hat selbst an den Aufführungen seiner *Iphigenie* als Orest teilgenommen. Die bedeutende Schauspielerin Corona Schröter stellte die Iphigenie dar. — Als eine Schauspielerin aufgrund ihrer Beziehungen zum Weimarer Herzog es durchsetzte, gegen Goethes Anordnung einen Hund auf die Bühne zu bringen, trat Goethe von der Theaterleitung zurück.

Dem Schaffen Kleists und der Romantiker stand Goethe fremd gegenüber. *Der zerbrochene Krug* fiel auf der Weimarer Bühne durch. Bedeutende Dramen Kleists wurden, ähnlich wie bei Büchner, erst um die Jahrhundertwende, und besonders in der Zeit des Ersten und Zweiten Weltkrieges, für die Bühne entdeckt.

VII. Vom Singspiel zur Zauberposse

Das Wiener Volkstheater geht zurück auf Josef Anton Stranitzky, der 1712 im Kärntnertortheater die erste ständige deutschsprachige Bühne Wiens begründete. Er kam vom Puppenspiel her, das namentlich die lustige Person herausstellte. Durch Stranitzky fand der Hanswurst im Wiener Volkstheater seine Heimat. Im 18. Jahrhundert wurde auch das Zauberspiel entwickelt; Mozarts *Zauberflöte*, deren Librettist Schikaneder Theaterdirektor in Wien war, steht in der Tradition des Wiener Zauberspiels. (In diesem Zusammenhang muß auch auf Christian Felix Weiße hingewiesen werden. Seine Sing- und Zauberposse *Die verwandelten Weiber oder Der Teufel ist los* begründete das deutsche Singspiel und wurde eine Vorform der komischen Oper und Operette; Weiße adaptierte 1776 Coffeys Komödie *The Devil To Pay*. Die Musik stammte von dem Thomaskantor Adam Hiller.)

Im 19. Jahrhundert wurde im Zauberspiel der Charakter des Komischen verstärkt, was zum Zaubermärchen (mit Gesang) von Raimund (*Der Verschwender*) und zur Zauberposse Nestroys (*Lumpazivagabundus*) führte. Johann Nestroy, selbst Sänger und Schauspieler, brachte — neben neologischen — sozialkritische Züge in seine realistischen Komödien hinein, in denen das Zauberwesen in den Hintergrund tritt und realistischer Alltagsschilderung Platz macht.

Joseph Schreyvogel begründete im 19. Jahrhundert den Ruf des Wiener Burgtheaters, den Laube später rechtfertigte. Schreyvogel verhalf Franz Grillparzer zu seinen ersten Erfolgen. In dem dramatischen Märchen *Der Traum, ein Leben* ging Grillparzer auf Calderon zurück; man hat den Rustan aus diesem Schauspiel einen „österreichischen Faust" genannt: Wahres Glück ist „... des Innern stiller Frieden ... Und die Größe ist gefährlich, / Und der Ruhm ein leeres Spiel." Wie Grillparzer wandte sich später Hofmannsthal dem spanischen Barocktheater zu.

VIII. Von Büchner zu den Meiningern

Das Werk Georg Büchners (1813—1837) hat wohl am stärksten auf die dramatische Weltliteratur eingewirkt, wenn auch mehr als ein halbes Jahrhundert verging, bis es in der Zeit des Naturalismus entdeckt und aufgeführt wurde. *Dantons Tod* (1835), *Leonce und Lena* (1836), *Woyzeck* (1837) stehen in der Einheit einer Entwicklung von der Einsicht in die Absurdität der Schöpfung zu einer Sinnfindung in der Immanenz.

Das Werk Büchners stand unter dem Einfluß von J. M. R. Lenz (den Büchner auch in seiner Novelle *Lenz* darstellte), während er thematisch und ästhetisch mit dem klassischen Idealismus, der noch seine Wurzeln in der Aufklärung hatte, brach („Der Dichter und Bildende ist mir der liebste, der mir die Natur am wirklichsten gibt"). Th. Hoffman stellt für die Entwicklung des deutschen Dramas fest: „Büchner's impact has been acknowledged by every great German playwright: Hebbel, Hauptmann, Wedekind, Brecht. It is in his image, not that of Goethe or Schiller or Wagner, that the best German drama has cast itself."

Friedrich Hebbel hat in *Maria Magdalene, Herodes und Marianne, Agnes Bernauer, Gyges und sein Ring* sein pantragisches Weltbild dramatisch gestaltet. In *Mein Wort über das Drama* — wie in seinem Vorwort zu *Maria Magdalene* — erklärt Hebbel seine dramatische Ästhetik. Er stellt „Geburtswehen der Menschheit" dar an Situationen, in denen „alt" und „neu" einander gegenübertreten. Das Rad der Geschichte geht über das Individuum hinweg, das allerdings ein neues Zeitalter mitbewirkt.

Zur Dramaturgie und Dramatik des Realismus haben Otto Ludwig (*Shakespearestudien; Der Erbförster*) und Gustav Freytag (*Technik des Dramas*, 1863; *Die Journalisten*, 1852) Beiträge geleistet. Freytags etwas schematische Dramaturgie hat einen antitragischen Zug: „Wir erkennen auf der Bühne kein anderes Schicksal an als ein solches, das aus dem Wesen des Helden selbst hervorgeht."

Richard Wagner hat mit seinen Musikdramen, seiner Regiearbeit und seinen theoretischen Schriften wie *Oper und Drama* (1851) das deutsche Theater stark beeinflußt. Thematisch steht Wagner in der Tradition der romantischen Verherrlichung des Mittelalters. In seinem Bayreuther Festspielhaus gab er ein Beispiel der Erneuerung der Bühnenkunst, die sich von „außerpoetischen Zwecken" freihielt. Sempers Festspielbau in Bayreuth ist von dem „klassenlosen" antiken Amphitheater beeinflußt.

Wagner griff in seinem Bühnenbild Anregungen des Meininger „Theaterherzogs" Georg II. auf, der in seiner Bühnenkunst Wert auf historische Treue legte. Mit dieser Betonung historischer Echtheit dürfen *die Meininger* als Vorläufer des Theaters des Naturalismus gelten.

IX. Naturalismus, Impressionismus, Expressionismus

Nach dem Vorbild von Antoines *Théâtre Libre*, das von den Meiningern beeinflußt war, schuf Otto Brahm in Berlin die *Freie Bühne*. Da sie als Verein organisiert war, war sie nicht der Zensur unterworfen. Brahm spielte Naturalisten wie Tolstoj und Ibsen.

Ein denkwürdiges Theaterereignis war die Uraufführung von Gerhart Hauptmanns Schauspiel *Vor Sonnenaufgang* im Oktober 1889. Hauptmanns großer Erfolg *Die Weber* wurde 1892 uraufgeführt. Während Hauptmann dem sozialen Anliegen des Naturalismus thematisch treu blieb, ging er in *Hanneles Himmelfahrt* (1893) mit Traumphantasien, allegorischen Figuren und einem Schluß in Versen über die Form des Naturalismus hinaus. In seinem Spätwerk wandte sich Hauptmann der griechischen Mythologie zu. — Hauptmann fühlte sich Arno Holz stark verpflichtet. Der bedeutendste Theaterkritiker jener Zeit, Theodor Fontane, bezeichnete nicht Hauptmanns *Vor Sonnenaufgang*, sondern *Familie Selicke* von Holz und Schlaf (*Freie Bühne*, 1890) als „dramatisches Neuland".

Wie Hauptmann war auch Frank Wedekind besonders in seinen Anfängen (*Frühlings Erwachen*) von Büchner beeinflußt. In seinem Einakter *Der Kammersänger* (1897) und in seiner Lulu-Tragödie (*Der Erdgeist, Die Büchse der Pandora*) hat Wedekind einen tragischen Konflikt der Geschlechter gestaltet. Diesem tragischen Konflikt, der auf dem Mißverhältnis der Geschlechter beruht — Wedekind sieht den Mann namentlich als rational und gefühllos, die Frau namentlich als irrational und gefühlsbetont —, steht Wedekinds Forderung gegenüber nach Menschen: „sexuell bis in die Fingerspitzen; mit der Fähigkeit, in hohem Maße glücklich zu sein".

Wie Wedekind war auch Ludwig Thoma in München tätig. Thomas Lokalpossen greifen Themen aus dem Leben bayerischer Bauern auf.

In Österreich entwickelte sich der literarische Impressionismus stärker als der Naturalismus. In Wien, der Stadt Freuds, haben Hugo von Hofmannsthal in lyrischen Dramoletts (*Gestern; der Tod des Tizian; Der Tor und der Tod*) und Arthur Schnitzler in *Anatol; Liebelei; Reigen* komplexe psychische und emotionale Erfahrungen gestaltet.

Das Salzburger große Welttheater Hofmannsthals geht auf das spanische Barocktheater zurück. Im *Jedermann* hat Hofmannsthal den mittelalterlichen Totentanz erneuert.

Mit ekstatischer Glut suchte der Expressionismus den „Neuen Menschen", den Georg Kaiser in seinem Schauspiel *Die Bürger von Calais* in der Gestalt des Eustache verkörperte. Die satirische und aggressive Seite des Expressionismus vertrat Carl Sternheim in seinen antibourgeoisen Stücken.

X. Weimarer Blütezeit

Aus expressionistischen Anfängen heraus (*Baal*) wuchs das Bühnenschaffen Bertolt Brechts. Seine *Dreigroschenoper* (1928), für die Kurt Weill die Musik schrieb, wurde der größte Theatererfolg der Weimarer Republik. Brecht versuchte, das Theater neu zu beleben durch die Behandlung von ökonomischen Fragen, die viele Zuschauer in das Theater bringen sollten. Sein episches Theater wirkte mit Hilfe des Verfremdungseffektes oder V-Effektes anti-illusionistisch. Die Schauspieler „zeigten" gewissermaßen ihre Rolle und durften sich nicht mit ihr identifizieren. Lichtquellen wie Scheinwerfer wurden für den Zuschauer offen sichtbar aufgestellt. Ein Theatereindruck sollte entstehen, bei dem der Zuschauer nicht dachte „Ja, so ist es, ich kann es nicht ändern", sondern durch den der Zuschauer aufgefordert wurde, die Handlung auf der Bühne nicht für „wirklich" zu nehmen. Der Zuschauer wurde aktiviert, er sollte ändern. Wie im Jesuitentheater gibt es auch bei Brecht im Grunde keine Tragik. Die sozialistische Gesellschaft führt durch ihre Hilfe den Menschen aus seiner scheinbar tragischen Lage heraus. Bezeichnend (wenn auch ratlos!) ist das Ende von Brechts Schauspiel *Der gute Mensch von Sezuan:*

> Verehrtes Publikum, los, such dir selbst den Schluß!
> Es muß ein guter da sein, muß, muß, muß!

Berlin war eine Art Theatermetropole zur Zeit der Weimarer Republik. Dort wirkte neben Brecht und seinem Gesinnungsgenossen, dem Regisseur Erwin Piscator, der namentlich die Technik und den Film in seine Aufführungen einbezog, der „Theaterzauberer" Max Reinhardt.

Carl Zuckmayers erster Bühnenerfolg war *Der fröhliche Weinberg,* dem 1931 der vielgespielte *Hauptmann von Köpenick* folgte. Ein Thema der Widerstandsbewegung gegen Hitler behandelt *Des Teufels General* (1946).

Brecht bekannte, daß er bei Karl Valentin gelernt habe, ein Stück zu schreiben. Die ‚Volksstücke' des Münchners Karl Valentin und des Wieners Ödön von Horvath (*Geschichten aus dem Wienerwald,* 1931) erweisen sich immer zwingender als bedeutende Leistungen des deutschen Theaters im 20. Jahrhundert.

XI. Nach dem Zweiten Weltkrieg

Die erste bedeutende Theateraufführung nach dem Ende des Zweiten Weltkrieges war 1945 Lessings *Nathan der Weise* in Berlin. Die Verzweiflung der Kriegsgeneration fand Ausdruck in dem Heimkehrerdrama *Draußen vor der Tür* (1947) des Hamburgers Wolfgang Borchert; es war zunächst als Hörspiel konzipiert. In der Zeit nach dem Zweiten Weltkrieg sind besonders die Schweizer Dramatiker Max Frisch und Friedrich Dürrenmatt hervorgetreten. In der Komödie *Don Juan oder Die Liebe zur Geometrie* (1953) gestaltet Frisch das Don Juan-Motiv neu: Don Juan liebt die Geometrie, nicht die Frauen, an die er sich nicht verlieren will. Das Problem des Antisemitismus greift Frisch auf in *Andorra*. *Biedermann und die Brandstifter* zeigt den friedfertigen Bürger ohne Zivilcourage, der lieber Kompromisse schließt als aktiv einzuschreiten, wenn seine Freiheit in Gefahr ist. Eine ‚schwarze Komödie' ist Dürrenmatts *Besuch der alten Dame* (1956), in der sich eine ganze Stadt für eine Milliarde dazu bereit erklärt, einen Mitbürger, den „die alte Dame" haßt, zu ermorden.

Der Österreicher Fritz Hochwälder lebt in Zürich. *Das heilige Experiment* (1943) zeigt die Auflösung des Jesuitenstaates Paraguay; „Gottes Reich auf Erden" ist nicht möglich.

Die Bühnenwerke von Peter Weiss, Rolf Hochhuth und Heinar Kipphardt tragen einen Zug zum dokumentarischen Theater. Ihre Dramen sind weithin nach historischen Quellen gestaltet, und lehrhafte Forderungen werden impliziert oder ausgesprochen.

Unter den Werken dieser Autoren ragen hervor Hochhuths *Der Stellvertreter* (1963), der das Verhältnis der katholischen Kirche unter Pius XII. zum Nationalsozialismus behandelt und *Die Verfolgung und Ermordung Jean Paul Marats dargestellt durch die Schauspielgruppe des Hospizes zu Charenton unter der Leitung des Herrn de Sade* von Weiss (1964).

Günter Grass nahm sich als Modell für sein Stück *Die Plebejer proben den Aufstand* den Arbeiteraufstand am 17. Juni 1953 in Ostberlin: Die Arbeiter kommen zum „Chef" (Brecht) und bitten ihn um Unterstützung durch einen Aufruf, den er ihnen schreiben soll. Aber der „Chef" integriert die aufständischen Arbeiter in seine Regiearbeit an Shakespeares *Coriolan*.

In der DDR wurden didaktische „Besserungsstücke" entwickelt, die Konfliktstoffe der „sozialistischen Gegenwart" behandeln. Hervorzuheben sind der Brechtschüler Peter Hacks (*Der Müller von Sanssouci*), der sprachsichere Heiner Müller und Erwin Strittmatter, der sich auf Anregung Brechts der Bühne zuwandte.

Im Werk des Österreichers Peter Handke zeichnet sich eine neue Form des Bühnengeschehens ab, in der die Individualität der Charaktere hinter kollektiven Darstellungsformen zurücktritt (*Publikumsbeschimpfung*).

XII. Die deutsche Theaterlandschaft

In Verbindung mit dem deutschsprachigen Theater spricht man gern von einer blühenden Theaterlandschaft. In der Bundesrepublik Deutschland allein gibt es z. B. etwa 200 Bühnen. Es ist nicht möglich, von einer deutschen Theatermetropole zu sprechen. Das deutschsprachige Theater hat kein Zentrum wie Paris oder London oder New York. Die Dezentralisation und die Vielfalt des deutschsprachigen Theaters sind ein historisches Erbe. Jeder souveräne deutsche Fürst hatte versucht, in seinem Hoftheater Oper, Ballett und Schauspiel zu pflegen und durch den Glanz seines Theaters die Bedeutung seines Hofes zu erhöhen.

Das erste ständige Theater, das Ottonium, wurde 1605 in Kassel gebaut. Unter deutschen Theaterbauten ragen hervor das Markgräfliche Theater in Bayreuth, das von Guiseppe und Carlo Galli-Bibiena erbaut wurde, und das Cuvilliés-Theater (1753) in München, in dem Mozart seinen *Idomeneo* uraufführte. Bereits im frühen 19. Jahrhundert beginnt die Zeit des Stadttheaters — das erste war das Mannheimer (1839) —, das neben dem Hoftheater florierte. Heute werden fast alle Theater vom Staat oder von den Städten subventioniert.

Als Theaterzentren oder bedeutende Theater sind heute zu nennen: Das von Brecht gegründete *Berliner Ensemble* und Felsensteins *Komische Oper* in Ostberlin sowie *Schiller-* und *Schloßpark-Theater* in Westberlin. Das *Burgtheater* („Die Burg") und die *Staatsoper* in Wien; das *Züricher Schauspielhaus;* die *Kammerspiele* und das *Nationaltheater* in München; das Hamburger *Schauspielhaus,* das lange von dem Schauspieler Gustaf Gründgens geleitet wurde.

Starke Impulse gehen immer wieder von den Bühnen in der „Provinz" aus (Bochum, Bremen, Darmstadt, Düsseldorf, Göttingen), die aber keine „Provinztheater" sind.

Neben den subventionierten Bühnen gibt es einige Privattheater, die zum Teil die Dialektkomödie pflegen, wie das *Ohnsorg-Theater* in Hamburg. Im Gegensatz zum subventionierten Repertoire-Theater spielen diese Privatbühnen im allgemeinen ein Stück *en suite.*

Der Gedanke des Festspiels, der von Richard Wagner neu belebt wurde, führte zu sommerlichen Festspielaufführungen, von denen die Salzburger Festspiele, die Ruhrfestspiele und die Hersfelder Festspiele zu nennen sind. Der Aufschwung des Theaters nach 1945 brachte moderne Theaterbauten, unter denen die Häuser in Köln und Düsseldorf herausragen.

Eine Krisensituation des Theaters der Gegenwart ist allerdings nicht zu leugnen. Das Fernsehen trägt das Theater ins Haus. Andererseits finden die Isolation des Einzelnen und seine Resignation in einer techni-

sierten Welt eine Entsprechung auf der Bühne im Abbröckeln des Dia-
logs und zunehmender Handlungsarmut (vgl. das Bühnenwerk S.
Becketts). Das Theater lebte aber bisher von Dialog und Handlung.

Hoffnung, das Theater durch neue Ausdrucksformen zu beleben, ist
jedoch angezeigt. Außerdem sind die meisten Theater gut besucht. Die
deutsche Theatertradition ist lebendig geblieben.

ROLAND EGGLESTON

Folklore

Roland Eggleston ist ein australischer Journalist, der in München lebt. Aus der Fülle von Bräuchen, Sagen und Legenden in deutschsprachigen Ländern beschreibt er hier einige, die er selbst kennengelernt hat oder deren Ursprüngen er nachgegangen ist.

Der Glaube des Volkes zeigt sich in den Kruzifixen und Marterln an Straßenkreuzungen, Feldrainen und im Wald; in Kapellen mit den Gebeinen der Heiligen, die in einem Glassarg zur Schau gestellt werden; in romanischen Domen, gotischen Kathedralen und in der exquisiten Schönheit des bayerischen und fränkischen Barock und Rokoko.

Das Kirchenjahr beginnt am ersten Sonntag im Advent. Für diesen ersten Adventssonntag wird ein Adventskranz vorbereitet. Er wird aus Tannenzweigen gebunden und an roten Bändern über dem Tisch aufgehängt. Vier Kerzen stecken darauf. Am ersten Adventssonntag wird die erste Kerze entzündet, am zweiten die nächste, bis am vierten Sonntag im Advent alle Kerzen brennen.

Am Abend des 6. Dezember besucht der Heilige Nikolaus mit dem bösen Knecht Ruprecht die Häuser. Sankt Nikolaus sieht sehr würdig aus mit seiner langen roten Bischofsrobe und seinem schneeweißen Bart, seiner Mitra und seinem Bischofsstab. Aber Knecht Ruprecht ist von Kopf bis Fuß schwarz, und sein grimmiges Aussehen gibt den Kindern eine Gänsehaut. Die Kinder sind mucksmäuschenstill; schon lange haben die Eltern von Sankt Nikolaus und Knecht Ruprecht und seinem Sack gesprochen. Nikolaus bewahrt ein würdiges Lächeln, während Knecht Ruprecht eindringlich nach den bösen und guten Taten der Kinder fragt. Die Angst der Kinder weicht, nachdem Knecht Ruprecht mit seinen Ketten gerasselt und mit seiner Rute die schwärzesten Untaten symbolisch ein wenig bestraft hat. Anscheinend überwiegen die guten Taten der Kinder am Ende immer die bösen, denn Sankt Nikolaus befiehlt schließlich Knecht Ruprecht, viele süße Sachen aus dem Sack herauszuholen und zu verschenken. Knecht Ruprecht tut das mit allen Zeichen des Unmuts und ermahnt dabei die Kinder, sich im kommenden Jahr gründlich zu bessern. (Sankt Nikolaus und Knecht Ruprecht verlangen keinen Lohn, aber sie lehnen auch ein Glas Wein oder einen Schluck Cognac nicht ab.)

Im Advent schreiben die Kinder ihre Briefe an das Christkind, dem sie erzählen, was sie sich zu Weihnachten wünschen. Diese Briefe werden an das Fenster gelegt, und die „englische" Post sammelt sie ein. Die Kinder glauben, daß das Christkind ihnen ihre Weihnachtsgeschenke bringt, denn die Eltern bereiten den Gabentisch in aller Heimlichkeit vor. Wenn dann die Kerzen auf dem Christbaum entzündet werden, erscheint den Kindern alles wunderbar.

Unter dem Christbaum steht eine Krippe. Diese Krippen, die Figuren der heiligen Familie, die Schäfer, die Tiere — Ochs und Esel dürfen nicht fehlen — sind oft das Werk bäuerlicher Holzschnitzer. Nach Weihnachten kommen zu diesen Figuren noch der Stern von Bethlehem und die Heiligen Drei Könige dazu.

Am Abend des 24. Dezember, am Heiligen Abend, klingelt geheimnisvoll ein Glöckchen im verschlossenen Wohnzimmer, vor dem die Kinder voller Spannung warten. Dies ist das Zeichen, daß „das Christkind gekommen" ist. Die Mutter führt dann die Familie zum Weihnachtsbaum. Die ganze Familie stellt sich um den Christbaum auf, die Kerzen sind angezündet. Das Weihnachtsevangelium wird vorgelesen und Weihnachtslieder werden gesungen. Dann sucht jeder seine Geschenke unter dem Baum und packt sie aus.

Zum Essen gibt es Lebkuchen, Makronen und Christstollen, ein Gebäck, das ursprünglich in seiner Form an den Leib des Christkindes erinnern sollte. Das Weihnachtsessen folgt am 25. Dezember zu Mittag. Das Hauptgericht ist traditionsgemäß eine Gans.

Um Mitternacht werden in den katholischen Kirchen Christmetten gehalten, in denen die alten Weihnachtslieder gesungen werden: *Maria durch ein Dornwald ging; Es ist ein Ros entsprungen* und auch das neuere Lied *Stille Nacht.*

Der 31. Dezember ist der Tag des Heiligen Sylvester. „Zwischen den Jahren" wird an diesem Abend in vielen Familien die Zukunft geraten. Man gießt flüssiges Blei oder Wachs in Wasser und versucht, aus den Formen, die es annimmt, die Zukunft zu deuten. Oft, wenn ein unverheiratetes Mädchen im Haus ist, versucht man aus der Form die Gestalt des Mannes zu erraten, der das Mädchen im neuen Jahr heiraten wird.

Nachdem das Neue Jahr mit Champagner und Feuerwerk ausgiebig begrüßt worden ist, wünscht man sich ein glückliches neues Jahr und versucht der erste zu sein, der dem Freund oder Nachbar ein „Prost Neujahr!" zuruft.

Der 6. Januar ist der Festtag der Heiligen Drei Könige, an dem die drei Weisen aus dem Morgenlande verehrt werden, die das Jesuskind aufsuchten. Im katholischen Süden schreiben die Bauern C + M + B (Caspar, Melchior, Balthasar) zusammen mit der Jahreszahl über Haus- und Stalltüren. Dieser Brauch soll verhindern, daß im neuen Jahr Mensch und Tier krank werden oder Schaden leiden.

Aber ist es wirklich ein christliches Fest? Am gleichen Tag gehen in Oberbayern Bauern durch die Dörfer. Sie tragen schreckliche hölzerne Masken und knallen mit langen Peitschen, um Frau Perchta, die Naturgöttin und Herrin über die Toten, zu vertreiben. Man glaubte einst, daß sie um diese Zeit umherwandere und den Menschen ein Leid antue.

Ebenso ist Ostern eines der heiligen christlichen Feste, jedoch scheinen viele der Osterbräuche in Deutschland auf eine vorchristliche Tradition zurückzugehen. Die Riten kreisen weithin um Eier, Feuer und Wasser.

Eine besonders in die Augen fallende Ostersitte ist der Brauch, in der Osternacht — wie auch beim Johannisfeuer am 24. Juni — Feuerräder von den Höhen in die Täler hinabzurollen. Eichenräder mit einem Durchmesser von über einem Meter und mit einem Gewicht bis zu mehr als 100 Pfund werden fest mit Stroh gestopft, angezündet und den Hügel hinabgerollt. Hunderte schauen dabei zu. Es wird als gutes Omen angesehen, wenn die Räder bei der Ankunft im Tal noch brennen.

In Niederermirsberg bei Ebermannstadt werden am Ostersamstag Freudenfeuer vor der Kirchentür entzündet. Das verkohlte Holz wird als Glückbringer mit nach Haus genommen.

Wasser war ebenfalls wichtig für die Osterriten. In einigen fränkischen Dörfern wird sogar heute noch am Karsamstag oder im Morgengrauen des Ostersonntags von den Bächen Wasser geholt und über die Felder gesprengt, damit die wachsende Frucht reift.

Im Harz und in Thüringen erzählen heute noch Großmütter den jungen Mädchen, daß sie das ganze Jahr über mit Schönheit gesegnet würden, wenn sie am Ostersonntag bei Sonnenaufgang zum Fluß gingen und sich dort im „Osterwasser" wüschen. Diese Großmütter weisen aber auch etwas spitz darauf hin, daß das Problem für die meisten jungen Mädchen darin besteht, die Zeremonie unter absolutem Schweigen durchzuführen.

Für Kinder ist Ostern die Zeit des Osterhasen, der bunte Eier an ungewöhnlichen Orten versteckt. Es gibt auch Ostereierspiele, besonders
Eierlegen und Eierschieben. Beim Eierlegen werden die Eier in bestimmten Abständen auf einer abgesteckten Rennstrecke niedergelegt. Jungen
mit Körben laufen die Strecke ab und versuchen in kürzester Zeit die
meisten Eier einzusammeln. In einigen Teilen des Schwarzwaldes reiten
die Wettbewerbsteilnehmer oder sie benutzen Fahrräder. Die Eier-
schiebe-Wettbewerbe werden besonders von jüngeren Kindern geschätzt,
die ihre Eier den Hang hinabschieben.

Es besteht kein Zweifel an der heidnischen Herkunft der farben-
prächtigsten der bayerischen Osterfeiern, der Weihe der Pferde in Traunstein bei Salzburg. Die Zeremonie geht weit zurück in der Dämmerung
der Geschichte, als das weiße Pferd als heilig angesehen und mit Wotan
assoziiert wurde, dem mächtigsten der germanischen Götter und An-
führer der Wilden Jagd, die in der Nacht am Himmel entlang brauste.

Heutzutage führen Priester eine Prozession zu der tausend Jahre alten Kapelle auf einem mit Linden bestandenen Hügel in Ettendorf bei
Traunstein. Mittelpunkt der Prozession bildet St. Georg auf einem
prächtigen Schimmelhengst. Dahinter folgen Bauern mit ihren besten
Pferden, die mit Bändern und schimmerndem Zaumzeug geschmückt
sind. Der Priester segnet Pferde und Bauern, wenn sie die Kapelle um-
reiten.

Der Schimmelhengst war immer Mittelpunkt der Feier. Jedoch war in
heidnischen Zeiten der Schimmel selbst der „Geber des Segens“; heute
ist er der Empfänger.

Eine ähnliche Sitte lebt noch heute in Effeltrich in Ostfranken. Wie
in Traunstein stellt die Prozession St. Georg auf einem Schimmel in den
Mittelpunkt.

Wer war St. Georg? Nach der christlichen Legende tötete er einen
Drachen in der heidnischen Stadt Sylene in Libyen, und daraufhin wurden die Bürger Christen. Statuen, Ikonen und Gemälde von ihm kann
man überall zwischen Bulgarien und Skandinavien finden.

Andere behaupten, daß er ein heidnischer Gott des Lichtes gewesen sei
und die Erneuerung des Lebens im Frühling und den Sieg des Sommers
über den Winter darstelle.

Gewiß entspringen viele deutsche Feste der heidnischen Freude über
die ersten Zeichen des wiederkehrenden Frühlings nach der Kälte und
Dunkelheit des Winters.

In vielen Dörfern wird der Winter heute noch zeremoniös umgebracht. Eine recht häufige Version, besonders in der Pfalz, zeigt zwei Gruppen von Buben. Die Truppen des Winters sind in Stroh gekleidet und werden vom König Winter, der eine Krone aus Stroh und ein Holzschwert trägt, angeführt. Die Soldaten des Sommers tragen Grün und werden angeführt von einem König, der mit Blumen gekrönt und mit Moos und Efeu bedeckt ist. In der Schlacht wirft die Winterarmee Asche und Stroh um sich, während die Sommertruppe mit grünen Blättern und Blumen angreift. Der Sommer gewinnt immer, und der Winter muß fliehen.

Das Fest selbst wird heute oft von einem Jahrmarkt begleitet, bei dem Mengen von Bier getrunken werden. Die Dörfler wissen nicht mehr, daß sogar dies dem alten Brauch entspricht: ihre heidnischen Vorfahren folgten der Sitte, zu Ehren der Götter ein Horn Met zu trinken. St. Columban erzählt davon, daß die Alemannen Wotan Bier dargebracht haben.

Ein anderer Festbrauch beim Beginn des Sieges über den Winter lebt auch heute noch in dem fröhlichen Karneval, Fasching oder der Fastnacht. Heute beginnen die Faschingsfeierlichkeiten um Neujahr (in München am 11. 11.) und enden in den drei „tollen Tagen" vor Aschermittwoch, an denen der Karneval aus den Ballräumen auf die Straßen zieht. Die Christenheit hat dies als eine Freudenzeit vor den vierzig reuevollen Tagen der Fastenzeit übernommen.

Ursprünglich begann die Fastnacht in der Wintersonnenwende oder in der Zwölften Nacht, die die Heiden als den ersten Rückzug des kalten Winters ansahen.

Die „verrückten" Kostüme haben ihren Ursprung in dem Glauben, daß einem Menschen, der sich als ein übermenschliches Wesen verkleidete, die Macht dieses Wesens verliehen werden könne, also in imitativer Magie. Darum kleideten sich junge Männer als Böcke oder Schimmel, um Fruchtbarkeit zu sichern, oder sie nahmen die Formen anderer Tiere an, denen man besondere Kräfte zuschrieb. Um Böses abzuwenden und Dämonen zu versöhnen, maskierten sie sich selbst als Reiter der *Wilden Jagd* (der Personifizierung des Sturmes).

Der aufwendige Rheinische Karneval in Köln ist berühmt. Prinz Karneval regiert einen Närrischen Hof, dessen Mitglieder alle die Uniformen der alten Stadtwache tragen. Am Rosenmontag (zwei Tage vor Aschermittwoch; zugrunde liegt ‚rasen'; der Name ist volksetymologisch und wird fälschlicherweise an ‚Rosen' angeschlossen) windet sich ein farbenprächtiger Zug einige Stunden lang durch die Straßen Kölns. Andere Städte am Rhein haben ähnliche berühmte Feste.

In München heißt der Karneval Fasching. Nacht für Nacht gibt es Tanzvergnügen, die Schlag Mitternacht am Faschingsdienstag damit enden, daß ein Sarg mit Asche durch den Tanzsaal getragen wird.

Der Fasching bildet manchmal auch den Rahmen für andere Festlichkeiten. In München wird alle sieben Jahre der Schäfflertanz aufgeführt. Er ehrt die Küfer, die sich nach einer großen Pestplage auf die Straßen gewagt und mit ihren Tänzen das Lachen in die geschlagene Stadt zurückbrachten. Der Tanz wird von 25 Küfern aufgeführt, die bunt gekleidet sind und aus Tannenzweigen geflochtene Bögen schwingen. Zwar können die Stadtautoritäten nicht genau sagen, mit welchem speziellen Unglück die Küfer verbunden werden, aber sie nehmen an, daß es entweder 1463, 1519 oder 1635 gewesen ist. Ein Schäfflertanz findet im Jahre 1977 in München statt.

Die Landschaften mit ihren Bergen und tiefen Wäldern, Seen und Heiden sind auch der Aufenthaltsort von Hexen und schönen Mädchen, die verzaubert wurden, und sie sind voll von Märchen, Legenden und Sagen von längstvergessenen Begebenheiten.

Im nördlichen Hessen liegt der Reinhardswald, ein wilder schöner Wald, in dem die Ruinen der Sababurg liegen, die man für das Heim Dornröschens hält. Nicht weit davon liegt Neukirchen, wo Rotkäppchen seine Großmutter besucht haben soll und den Wolf fand.

Schloß Frankenstein bei Darmstadt war die Burg eines Ritters, der, wie in vielen guten Märchen, einen Drachen tötete, um eine liebliche Jungfrau zu retten. Anders als in den meisten Sagen tötete jedoch der Drache auch den Ritter. Was man als sein Grab bezeichnet, kann noch immer in der kleinen Kirche von Nieder-Beerbach im Dorf unterhalb der Burg besichtigt werden.

Die Dokumente im Rathaus zu Hameln enthalten eine recht unromantische Aufzeichnung, die wahrscheinlich die Wahrheit über den Rattenfänger enthält, der die Kinder entführte. Nach dieser Fassung erinnert die Sage an die Abreise der meisten der jungen Leute zur Kolonisation der weitentfernten böhmischen Lande.

Es gibt auch eine andere Fassung von dem, was geschah. Bei dem frühesten bekannten Bericht handelt es sich um ein Dokument aus dem 15. Jahrhundert, das in der Lüneburger Bibliothek gefunden wurde. Hier heißt es nur, daß am 26. Juni 1284 ein junger Mann von etwa

30 Jahren 130 Kinder aus der Stadt durch das Osttor hinausgeführt hat, und daß weder er noch die Kinder jemals wiedergesehen wurden. Ein Rattenfänger wird nicht erwähnt.

Eine historische Gestalt, die zur Sagengestalt wurde, ist der Kaiser des Heiligen Römischen Reiches, Friedrich Barbarossa, der 1190 im Dritten Kreuzzug starb. Jedes deutsche Schulkind weiß, daß der alte Kaiser in einer Berggrotte schläft, wo ihm sein langer roter Bart durch den Marmortisch, an dem er sitzt, hindurchwächst. Hin und wieder fragt er seinen Zwerg, ob die Raben noch über dem Berg kreisen. Wenn sie nicht mehr dort fliegen, wird es Zeit für Rotbart, zu kommen und Deutschland in der Stunde der Not zu retten.

Der Sage zufolge schläft Barbarossa im Kyffhäuser in Thüringen. Jedoch behaupten die Bewohner von Kaiserslautern in der Pfalz, daß er in einer verborgenen Grotte im Rotenberg, einem Hügel vor den Toren der Stadt, schlafe. In Kaiserslautern befand sich eine der Burgen Barbarossas, von der einige Grundmauern erhalten sind.

Einige der bekanntesten deutschen Sagen wurden um den großen Zauberer Dr. Johannes Faust gewoben. Faust ist eine geschichtliche Figur und Faust-Sagen gingen dem Drama Goethes voraus. Die kleine schwäbische Stadt Knittlingen erhebt den Anspruch darauf, daß Faust dort 1480 geboren sei.

Nach dem Museum in Knittlingen zu urteilen, besaß Faust ein dunkles Glas, mit dem er in die Zukunft blicken konnte. Ebenso soll er einen riesigen einäugigen Zyklopen zu Diensten gehabt haben, den er vor seinem Publikum erscheinen lassen konnte.

Tatsächlich scheint Faust geschickt darin gewesen zu sein, Geschöpfe aus dem Nichts zu beschwören. In Erfurt geht die Sage, daß Faust während einer Vorlesung über Homer an der dortigen Universität die Studenten mit Homers Helden in Fleisch und Blut konfrontiert habe.

Die bekannte Geschichte, daß Faust seine Seele dem Teufel verschrieb, soll vorgefallen sein, während Faust an der Universität von Krakau in Polen Magie studierte. Luthers Freund Melanchthon, ein Zeitgenosse Fausts, bestätigt, daß Faust tatsächlich Magie studierte. Zu dieser Zeit war das ein respektables Studium an einigen Orten und wurde zur Zeit Fausts auch an den spanischen Universitäten von Salamanca und Toledo gelehrt.

Dr. Faust wurde aus vielen Städten wegen seiner Ketzerei und seiner angeblichen Hexenkünste verbannt. Ein Denkmal außerhalb der Stadt

Staufen bei Freiburg im Breisgau weist darauf hin, daß Faust dort starb und es zeigt, wie ihm der Teufel selbst den Hals umdreht. Die Sage berichtet, daß dies im Löwen-Hotel in Staufen geschehen sei.

Ein Doktor anderer Art war Dr. Johannes Andreas Eisenbart, über den so viele Geschichten umgehen, daß es unmöglich ist, Märchen und Wirklichkeit zu trennen.

Einige behaupten, Dr. Eisenbart sei ein Scharlatan und Quacksalber gewesen. Man sagt, er sei von Stadt zu Stadt mit einer Truppe Trommlern und Trompetern, Feuerschluckern, Jongleuren und Akrobaten gereist. Sie dienten aber hauptsächlich dazu, die Menge anzulocken. Noch heute schmäht ihn jedoch ein Studentenlied:

> Ich bin der Doktor Eisenbart
> wittewittewitt bumbum
> Kurier' die Leut nach meiner Art
> wittewittewitt bumbum
> Kann machen, daß die Lahmen sehn
> Und daß die Blinden wieder gehn
> Gloria Viktoria, wittewitt juchheirassa
> Gloria Viktoria, wittewittewitt bumbum.

Es wird erzählt, daß Dr. Eisenbart schmerzende Zähne mit der Schmiedezange entfernte und mit enormen Schneiderscheren operierte. Andere sagen dagegen, daß er einfach seiner Zeit voraus war. Die Verrückten in einen Korb mit Brennesseln zu setzen, sei nicht so verschieden von der modernen Schocktherapie.

Eine andere historische Gestalt, obwohl bei weitem nicht so berühmt wie Barbarossa, ist Albrecht Ludwig Berblinger aus Ulm. Die Ulmer sagen, daß dieser Schneider hausgemachte Flügel baute, mit denen er 1812 über die Donau fliegen wollte. Ungefähr 10 000 Zuschauer sahen, wie Albrecht von der Stadtmauer sprang und wie ein Stein in die Donau fiel.

Sagen und Legenden leben weiter im kräftigen Humor des bayerischen Bauerntheaters. Es ist unmöglich, ein Stück zu beschreiben, das einen Titel trägt wie *Vom Sklavenmarkt zum Thron oder Der Rächer am Sarg des Toten,* in dem kräftige Bauernmädchen zarte, unschuldige Jungfrauen spielen, wo die Zuschauer dem guten aber einfältigen Fritz Mut machen (und zutrinken), wenn er sein Land vom bösen, rabenschwarzen Kuno befreit.

Wo es am besten ist, in Kiefersfelden und Flintsbach im Inntal bei Kufstein, ist dieses Theater in der Scheune so dörflich wie ein Pflug. Das Kiefersfelder Theater besteht seit 1618 und das Flintsbacher seit 1662. Einige der anderen Theater, wie die von Berchtesgaden und Tegernsee, sind etwas fortgeschrittener und professioneller, um den Anforderungen der Touristen zu genügen.

Die Dorfspiele im Inntal um Kufstein herum sind Überreste einer Spieltradition in ganz Bayern und Tirol.

Es ist bemerkenswert, daß innerhalb von fünfzehn Kilometern von Kiefersfelden die Dörfer Erl und Thiersee immer noch Passionsspiele aufführen. Ihre Aufführungen sind nicht so bekannt wie die in Oberammergau, aber fast genau so alt (Erl begann 1697). Die Passionsspiele werden alle zehn Jahre aufgeführt, und nur Männer und Frauen, die im Spieldorf selbst geboren sind, sollen daran teilnehmen.

In der Gegend um Bamberg kann ein Reisender das Glück haben, gerade zu der Zeit in einem Dorf anzukommen, wenn die Übeltäter eines Jahres öffentlich beschämt werden. Heute ist das alles Scherz, aber wenn es vorüber ist, machen viele junge Mädchen und Männer lange Gesichter. Das geschieht zur Zeit der *Kirchweih*, der Feier der Wiederkehr des Jahrestages der Einweihung der Dorfkirche. Heute ist das Datum im allgemeinen das einzige Verbindungsglied zwischen der Kirche und den Kirchweihfeiern. Es ist ein Klein-Karneval; eine Zeit für Essen und Trinken und Tanzen und Singen. Auf dem Höhepunkt des Vergnügens erklettert ein junger Mann mit einem hohen schwarzen Zylinderhut eine Leiter auf dem Dorfplatz und verliest die *Kerwarede*, den Klatsch des Jahres.

Während die Opfer rot werden, erzählt er, wer nachts mit wem auf den Feldern gesehen wurde; welche Frauen scharfe Zungen führen und was sie gelästert haben; wer beim Spiel wieviel verloren hat; und welches Paar früher als geplant heiraten mußte. Keine Namen werden genannt, aber die Anspielungen sind klar in einem kleinen Dorf, wo jeder seines Nachbarn Nachbar kennt. Jedes Mal, wenn eine skandalöse Anspielung vorgelesen wird, bläst eine Blechkapelle ein kurzes, schockiertes *Uuumph!*

In Südbayern müssen Bräute ebenfalls unangenehme Reime über sich ergehen lassen, hier während des Hochzeitsfrühstücks. Sie werden vorgetragen vom Freund des Bräutigams oder, noch besser, von ihrem Bruder, und informieren den Bräutigam über die früheren Freunde seiner

Frau, ihre schlechten Angewohnheiten, ihre schlechte Laune am Morgen, und alles, was sie früher über ihn gesagt hat.

Manchmal hört auch der Bräutigam einen Katalog seiner „Sünden", aber die Braut errötet meistens heftiger.

Ein Neuverheirateter zu sein ist eine besondere Ehre in Sigmaringen in Hohenzollern. In einem fröhlichen Karneval wird der Bräutigam um den Marktplatz getragen und mit Bier, Wurst und Brezeln versorgt. Die Braut hat daran keinen Anteil, weil diese ganze Zeremonie dazu bestimmt war, junge Männer zur Heirat zu ermutigen. Es bestand keine Notwendigkeit, die Mädchen zu ermuntern. Die Sitte begann im 17. Jahrhundert als Krieg, Hunger und Krankheiten das Land plagten. Unter diesen Umständen zögerten Junggesellen zu heiraten und die Bevölkerungsziffer der Stadt fiel. Schließlich beschloß der Bürgermeister, daß die einzige Rettung darin bestand, einen Jungverheirateten so zu ehren, daß die anderen Junggesellen neidisch und eifersüchtig würden und sich selber auch Frauen suchten. Anscheinend hatte man mit dieser Idee Erfolg, denn Sigmaringen besteht heute noch.

Alte Hochzeitsbräuche werden immer noch in kleinen Dörfern in vielen Gegenden Deutschlands befolgt. Heute sind einige von ihnen sinnlos geworden. Wiederum können ihre Ursprünge in heidnische Zeiten zurückverfolgt werden.

In einigen Orten im Schwarzwald, wie in St. Georgen, behaupten alte Leute noch immer, daß Dienstag und Donnerstag am besten für Hochzeiten geeignet sind. In der alten germanischen Mythologie hatten diese Tage besonders wichtige Götter (Ziu und Thor).

Die lauten Feierlichkeiten am Vorabend der Hochzeit, dem Polterabend, sollten Dämonen und Hexen hinwegscheuchen. In einzelnen Dörfern wird es immer noch als günstig angesehen, wenn die Braut eine Katze füttert; Katzen wurden als die Lieblingstiere der nordischen Göttin Freya (vgl. *Freitag*) angesehen.

Im westfälischen Münsterland besteht noch der Brauch, um Mitternacht den Schleier der Braut zu zerreißen. In den Dörfern Hagen, Nordenau und Afelderbach ist es Sitte, während des Hochzeitstages zu schießen und lange die Kirchenglocken zu läuten. Im Weserbergland ist es üblich, daß eine ältere, unverheiratete Schwester der Braut in einem Paar Holzschuhe für die Gäste tanzt. Im schwäbischen Allgäu wird die Braut oft während des Hochzeitsessens „gestohlen". Sie und die „Räuber" trinken in einem andern Wirtshaus weiter, bis ihr Mann und seine

Freunde sie finden. In Nordfriesland verweigert oft eine alte „Hexe" mit einem Besen Braut und Bräutigam den Eingang zum Hochzeitsessen bis sie eine komische Predigt über die Anforderungen einer ehrenhaften und treuen Ehe angehört haben.

In einigen Dörfern im Schwarzwald muß ein junger Mann, der ein Mädchen aus einem anderen Dorf heiraten will, für sie mit Wein „bezahlen". Die Anzahl der Flaschen wird bei einem Treffen zwischen dem Bräutigam und den jungen Männern aus dem Dorf des Mädchens festgelegt. Der „Preis" hängt von ihrer Schönheit und ihrem Charme ab und auch davon, wie begehrenswert sie ist. Das versetzt den jungen Mann in eine nicht gerade beneidenswerte Position. Schließlich muß er wohl zugeben, daß seine Braut hübsch und begehrenswerter als andere ist.

Der Gastwirt von Hausach behauptet, daß ein Mädchen vor einigen Jahren von dem Dorf für 300 Liter Wein „gekauft" worden sei. Nichts von diesem „Preis" geht an die „weinwerte" Braut. Alles wird von den jungen Männern ihres Dorfes getrunken.

Renate Dolz

Trachten

Beim Münchner Oktoberfest wie bei anderen großen Volksfesten kann man Trachtenzüge mit schönen Trachten aus vielen Landschaften sehen. In den Alpengebieten gehören Trachten noch zum Alltag. Im allgemeinen sind aber Bauerntrachten heute recht selten geworden. Man kann sie noch in manchen Gegenden an Sonn- und Festtagen in den Dörfern bestaunen, z. B. in der Schwalm (Hessen) und im Schwarzwald.

Die Bauerntracht zeigte die Zugehörigkeit zu einer bestimmten Gemeinschaft. Die streng festgelegte Kleidung für Festtage, für Kirchgang, Hochzeit oder Trauer verlieh dem Leben in dieser Gemeinschaft Ausdruck. Reiche und Arme trugen die gleiche Tracht.

Heute wollen Trachtenvereine die Bauerntrachten erhalten und versuchen auch, sie zu vereinfachen und zu modernisieren, so daß sie wieder gern getragen werden. Der Erfolg bleibt zweifelhaft. Heute geht man mit der Mode.

Trachten (von ‚tragen‘) sind keine Phantasiekostüme, sondern sie sind Teil einer geschichtlichen Entwicklung der Mode. Die Trachten sind also keine völlig selbständigen Bauernschöpfungen. Sie waren abhängig von der Mode, als sie entstanden, und sie ändern sich mit der Mode, wenn auch sehr langsam, weil der Bauer sich ungern vom Alten trennt.

Kennzeichnend für die Trachten ist die harmonische Verbindung von Formen, die verschiedenen modischen Epochen entstammen; manchmal übernimmt eine Tracht auch Teile einer Arbeitskleidung.

Einige Trachten zeigen klare leuchtende Farben, andere bevorzugen dunkle Farben oder auch viel Schwarz. Schwarz ist also nicht nur Trauerfarbe. Viel früher war sogar Weiß (‚ohne Farbe‘) der Ausdruck tiefer Trauer. Spuren davon sind noch erhalten in den Trauertrachten der Geestbauern (Norddeutschland) und der Wenden (Spreewald und Lausitz). Sie zeigen Weiß mit Schwarz verbunden.

In manchen Gegenden richteten sich Form und Farbe der Trachten auch nach der jeweiligen Zugehörigkeit zur katholischen oder protestantischen Kirche. Während die „protestantischen" immer sehr schlicht, beinahe streng sind, heben sich die „katholischen" Trachten farbenfroh heraus.

Fast alle Trachten zeichnen sich durch kostbare Handstickereien und reichen Gold- oder Silberschmuck aus. Höhepunkt der Trachtenmacherei war schon immer die Brautkrone. Obwohl sie meistens aus Flitter besteht, läßt sie die Braut am Hochzeitstag wie eine Königin erscheinen. Oft wurde die Brautkrone der Bäuerin ins Grab mitgegeben.

Im allgemeinen trug die verheiratete Frau eine Haube. Wenn ein Mädchen heiratete, dann kam es *unter die Haube*. Daß Eltern ihre erwachsene Tochter *unter die Haube* bringen oder daß ein Mädchen *unter*

Miesbacher Paar

die Haube kommt, hat zu Redensarten geführt, die noch heute lebendig sind.

Eine Tracht jedoch, die alpenländische mit ihren einfachen, schönen Formen, hat Mode gemacht. Die Touristen haben diese praktische Kleidung entdeckt und in ihre Heimat mitgenommen, nicht nur, um sie als Souvenir in den Schrank zu hängen, sondern auch, um sie zu tragen. Das Dirndl (bairisch heißt *Dirndl* ‚Mädchen‘), die Lederhose und der Tiroler Hut sind weltberühmt geworden. Es kann sein, daß man von einem Südamerikaner einen Hut mit Gamsbart (aus Nylon) geschenkt bekommt, den er in New York (Made in Japan) gekauft hat. Dirndl und Trachtenanzug sind, modisch geformt, zum „Trachtenlook" geworden.

HEINZ FISCHER

Humor

Deutschen Humor gibt es nicht, sagt man gern, und hoffentlich bestätigen die folgenden Proben nicht dieses (Vor-)Urteil.

I. Die Stämme

Ein deutscher Professor, Herbert Schöffler, hat eine *Kleine Geographie des deutschen Witzes* geschrieben. Er berichtet: „Ich werde nie die Adresse des ersten Wieners vergessen, mit dem ich wissenschaftlich zu tun bekam: Siebensterngasse 14. In Berlin hieße das Plejadenallee zwohundertvierzehn."

Der österreichische Humor ist ganz und gar nicht aggressiv; er hat keine Zähne. Es ist ein Humor der Untertreibung, ein bißchen melancholisch und resigniert. (Schöffler spricht von einer „Resig*nation*". Man denkt an die Verse Hugo von Hofmannsthals:

> Den Erben laß verschwenden
> An Adler, Lamm und Pfau
> Das Salböl aus den Händen
> Der toten alten Frau!)

Vielleicht lacht oder lächelt der Österreicher über sich, wenn er die Anekdote vom alten Kaiser Franz erzählt: Als man dem Kaiser im ersten Weltkrieg berichtete, die österreichischen Truppen hätten die Festung Przemysl zurückerobert, soll er „anerkennend gemurmelt" haben: „Ja, ja, der Radetzky!" — Diese Entfremdung, diese Entfernung von der Gegenwart in Raum und Zeit — Radetzky, der Sieger von Custozza, war schon 1850 gestorben — bezeichnet auch die zwei Wiener Gestalten, in denen sich der österreichische Humor verkörpert hat, den Grafen Bobby und den Baron Mucki.

Schöffler zitiert eine Anekdote vom Grafen Bobby, der in einer Drogerie ein Dutzend Mottenkugeln verlangt. Nach einer halben Stunde kommt er noch einmal und verlangt zwei Dutzend. Nach einer weiteren halben Stunde ist er schon wieder da und verlangt drei Dutzend Mottenkugeln. „Wenn die Frage erlaubt ist", sagt der Drogist, „aber wozu benötigen denn der Herr Graf sechs Dutzend Mottenkugeln?" „No", sagt Bobby, „treffen Sie vielleicht mit einer jeden?" — Einmal steht Bobby im Freien, blickt zum Himmel und betrachtet die Sterne: „Schau dir das an", flüstert er, „welche Pracht, welche Fülle! Und wenn man bedenkt: nur der Bezirk Wien!"

Der Berliner Humor desillusioniert. Er attackiert alles Pathos und bringt das Ideal (das nicht negiert wird) auf die Ebene des greifbaren Realen. Bezeichnend ist der Name, den die Berliner dem „Mahnmal für die Opfer der Luftbrücke" gegeben haben: *Hungerkralle*. Der Berliner scheut die Emotion. Er sieht sich dieses Mahnmal an, er erinnert sich an den Hunger der Jahre, aus denen es stammt, und er bezieht sich auf die konkrete Form, wenn er dieses Denkmal in *Hungerkralle* umtauft. Ein Berliner Amtsgebäude heißt *Beamtensilo* und eine moderne Kirche mit einfachen Linien *Herzjesukraftwerk*. Vielleicht ist mit den französischen Hugenotten gallischer Esprit in das preußische Berlin gekommen. Der Berliner reagiert schnell, mit einem klaren Blick für das Konkrete. Ein Herr wünscht Auskunft; er spricht einen Straßenarbeiter an: „Ich möchte zum Zoo." „Als was?" fragt der Berliner. — Eine schlanke, großgewachsene Dame geht, wie Wilhelm Pinder berichtet, über den Kurfürstendamm. Ein Berliner zu einem anderen: „Wenn die hinfällt, ist sie gleich zu Hause!"

Der fränkische Humor hat „Flügel" und „Hände"; er ist geistig und sinnlich, abstrakt und konkret. Die Pole des fränkischen Humors bezeichnen die Kölner *Tünnes* und *Schäl*. Tünnes — es ist während des „Dritten Reiches" — geht mit einem Radio unterm Arm in den Kölner Dom. Am Portal trifft er Schäl. „Was willst du mit dem Radio im Dom?" fragt Schäl. Tünnes deutet auf den Lautsprecher und flüstert Schäl zu: „Der muß beichten!"

Es heißt, daß man sich mit einem Obersachsen nicht streiten könne; er „kann keinen Widerspruch ertragen; er ist sofort deiner Meinung". Schöffler bezweifelt dieses Diktum und nennt den Obersachsen lieber geistig beweglich; er greife rasch das Neue auf.

Die obersächsische Mundart kennt keine Härten. Ein „Panther" wird, sozusagen ohne Fangzähne, zum *Bander,* und bei dem Obersachsen Richard Wagner ergibt „Brülle, du Prahler!" einen Stabreim.

Der Obersachse sagt ungern nein. Ein englisch sprechender Tourist legt im Bus seine langen Beine einem Obersachsen auf die Knie — was er sich ruhig gefallen läßt. Nachher entspinnt sich mit dem Nachbarn folgendes Gespräch:

„Warum haben Sie denn nichts gesagt?"
„Nu, ich konnte doch kee Englisch!" (Nach W. von Scholz.)

Vielleicht ist es kein Zufall, daß Hegel Schwabe ist. Die Dialektik des schwäbischen Denkens, die Antithese, die zur These mitgedacht wird, die Gründlichkeit des Denkens, die Scheu vor einem Ja oder Nein — das Gegenteil könnte ja auch richtig sein — spiegeln sich im schwäbischen *ha no.*

Das Grüblerische, Langsame und Bedächtige der Alemannen wird karikiert in der spöttischen Frage: „Was ist das?", und dazu zeichnet der Frager mit seinem Zeigefinger sehr langsam eine Zickzacklinie in die Luft. Die Antwort ist: „Ein Schweizer Blitz."

Der bayerische Humor ist grob, rauflustig, lebensfroh und liebt das irdisch Breite. Man erzählt sich in München, daß ein Schaffner in der Straßenbahn die Fahrgäste aufgefordert habe, einer sichtlich Schwangeren einen Sitzplatz freizumachen. Darauf soll vom anderen Ende des Wagens eine Frau in gleichen Umständen dem Schaffner unwillig zugerufen haben: „Und i, Herr Schaffner? Moana S' mi hat a Wepsn (Wespe) gstocha?"

Klein-Erna aus Hamburg steht zwischen regionalem und überregionalem Humor. Sie verkörpert den Kindermund, und wir wissen: *Kinder und Narren sagen die Wahrheit.* Klein-Erna fragt: „Tante, warum hat der Onkel keine Haare?" Man antwortet ihr: „Wer viel denkt, hat keine Haare." Klein-Erna: „Tante, warum hast du so viele Haare?"

II. Das Überregionale — Berufe; Wortwitz und Sonstiges

Im deutschen Sprachgebiet — und wohl nicht allein hier — sind einige Berufe zur Zielscheibe des Witzes geworden. Der Arzt bevölkert den Friedhof mit Leichen; der Rechtsanwalt dient seinem Klienten vergeblich, aber nicht umsonst; der Professor ist zerstreut; der Horizont des Offiziers ist beschränkt (bis zum Ende der preußischen Offiziers-Ära sprach man von den zwei Schwerpunkten seiner Gespräche: Pferde und Frauen).

Ein Professor erwartet um fünf Uhr Gäste. Es besinnt sich darauf, daß er vor der Ankunft seiner Gäste noch etwas einzukaufen habe, ist aber besorgt, daß er nicht rechtzeitig um fünf Uhr zurück sein könnte. Er befestigt einen Zettel an seiner Wohnungstür: „Bin um fünf Uhr zurück, bitte warten." Der Professor erledigt seine Besorgung schnell, ist schon vor fünf wieder an seiner Wohnung, sieht den Zettel, schaut auf seine Uhr, denkt bei sich: „Aha, noch eine Viertelstunde!" setzt sich auf die Treppe und wartet — auf sich.

Der Offizier, und nicht einmal insbesondere der preußische, wurde als ungeistig gedacht. Der General trifft Leutnant von Zitzewitz und fragt: „Na Zitzewitz, habe Sie gestern im Casino vermißt, wo waren Sie?" „Zu Befehl, Herr General, habe gespielt, Herr General." „Gespielt? Was?" „Zu Befehl, Herr General, Beethoven, Herr General." „Na, hoffe — jewonnen!"

Die verbreiteten Irrenwitze steigern das Negative im Menschen ins Pathologische, um es verschärft zu verdeutlichen. — In Verbindung mit diesen Irrenwitzen steht der folgende *Flüsterwitz*, den man sich im „Dritten Reich" erzählte: Zwei Irrenärzte begegnen sich. Der eine grüßt: „Heil Hitler!" Darauf der andere: „Heil du ihn!".

Im deutschen Sprachgebiet ist der *Wortwitz* beliebt. Der verfremdende Wortwitz liegt weithin den Programmen deutscher Kabaretts zugrunde. Die Titel deuten darauf hin. *Am besten nichts Neues* (nach Remarques Bestseller *Im Westen nichts Neues*); *Kleine Machtmusik* (nach Mozarts *Kleiner Nachtmusik*) und zur Wahlzeit: *Wähl den, der lügt*, verfremdet aus Grillparzers Lustspieltitel *Weh dem, der lügt*. Werner Finck, ein Kabarettist, der in der Zeit des Dritten Reiches Zivilcourage gezeigt hat, nannte einmal ein Programm: *Geben Sie Gedanken, Sire...* verfremdet aus der Forderung des Marquis Posa an König Philipp in Schillers *Don Carlos*: „Geben Sie Gedankenfreiheit, Sire"; d. h. Freiheit — wir haben sie jetzt wieder, aber haben wir auch Gedanken?

Was dem Engländer sein Limerick ist, ist dem Deutschen der *Schüttelreim*. Eine Studentin erzählte mir einmal einen Schüttelreim, der in einer besonders langweiligen Vorlesung entstanden ist:

> Bei Herrn Professor Wänkebach
> sind nur die ersten Bänke wach.

(Recht holprig ist ein Schüttelreim, der dem bayerischen König Ludwig I. zugeschrieben wird: „Laßt mir meine Lola Montez / gern sie habend nicht gekonnt es.")

Der unfreiwillige Humor blüht besonders in der Schule, und zwar bei Schülern und Lehrern. Es gibt *Stilblüten* und *Katsuderblüten*. Eine *Stilblüte* aus einem Schüleraufsatz spricht für sich: „Goethe war nicht gern Minister. Er beschäftigte sich lieber geistig."

Bekannt für seine *Kathederblüten* war der Gymnasialprofessor Johann August Galetti. Kurt Tucholsky teilte mit: Galetti klagt in der Schule: „Ich sehe heute wieder viele, die nicht da sind." Ein klärendes Wort Galettis zur Geschichte lautet: „Man hat viel darüber gestritten, ob die altägyptische Sphinx ein Mann oder ein Weib gewesen sei; die Wahrheit liegt, wie so oft, in der Mitte"; und zur Geographie: „Als Humboldt den Chimborasso bestieg, war die Luft so dünn, daß er nicht mehr ohne Brille lesen konnte."

III. Von Eulenspiegel bis Münchhausen

Nach der Erfindung des Buchdrucks durch Gutenberg wurden „Volksbücher" verbreitet, die sich an breite Leserschichten mit — meist anonymer — Unterhaltungsliteratur wandten.

Till Eulenspiegel (davon französisch *espiègle,* ‚Schalk‘) ist der Held eines Volksbuchs aus dem frühen 16. Jahrhundert. Eulenspiegel war der Sohn eines niedersächsischen Bauern. Er wurde um 1300 bei Braunschweig geboren; in Mölln bei Hamburg soll er begraben sein. Trotz aller schlimmen Streiche, die er seinen Zeitgenossen spielte, erscheint es manchmal sokratisch, wenn er nicht zu verstehen scheint, was man ihm als selbstverständlich versichert. Was er hört, nimmt er wörtlich — und stiftet dadurch Verwirrung, aber er bringt die Opfer seiner Streiche auch zum Nachdenken.

Einmal sucht Eulenspiegel Arbeit. Er trifft auf der Landstraße einen Bäcker, der ihm Arbeit verspricht. Sein Haus, sagt der Bäcker, liege in der nächsten Stadt, und es sei ein Haus mit einem großen Schaufenster. Dort solle Eulenspiegel hineingehen. Das tut Eulenspiegel. Er geht durch das Fenster hinein — und die Scherben klirren.

Die deutschen Abderiten sind die *Schildbürger,* und die deutsche *Moropolis* heißt *Schilda.* Es ist eine ganz und gar närrische Stadt. Die Schildbürger wollten ein neues Rathaus bauen. Sie begannen an allen Ecken gleichzeitig zu bauen, und schließlich war das Dach auf dem Haus. Stolz traten sie in ihr Rathaus ein, aber im Haus blieb es dunkel, obwohl draußen die Sonne schien. Die Schildbürger hatten die Fenster vergessen. Aber der Bürgermeister wußte Rat. Er erklärte: „Am nächsten Sonntag um Mittag, wenn die Sonne am höchsten steht, treffen wir uns vor dem Rathaus. Alle sollen Schaufeln und Besen, Behälter und Gefäße mitbringen!" Mit Kind und Kegel erschienen die Schildbürger vor dem Rathaus. Sie füllten das Sonnenlicht in Eimer, Fässer, Säcke und Taschen, liefen damit in das Rathaus und schütteten dort das Licht aus. Es ist aber doch dunkel geblieben.

Das verlorene Paradies erscheint wiedergewonnen im *Schlaraffenland*, Es ist ein märchenhaftes Land des Überflusses für Faulenzer und für herzhafte Esser und Trinker. Aber nicht jeder kann es erreichen. Wer ins Schlaraffenland gelangen will, muß sich zuerst durch einen Berg von süßem Brei hindurchessen. Dann aber hat er keine Sorgen mehr. Es gibt nur *ein* Gesetz im Schlaraffenland: „Du sollst nicht arbeiten!" Die Häuser sind aus Lebkuchen, die Fenster aus Marzipan, und vor den Gärten stehen Zäune mit Bratwürsten. Die Bäche sind Milch und Honig, und aus den Brunnen fließt kein Wasser, sondern roter und weißer Wein. Wer gerade Hunger hat, macht den Mund auf und eine gebratene Taube fliegt hinein. Die deutsche Redensart *Gebratene Tauben fliegen einem nicht in den Mund* erinnert an die rauhere Wirklichkeit.

Karl Friedrich Hieronymus Freiherr von Münchhausen (1720—1797) unterhielt seine Freunde gern mit Jagd-, Kriegs- und Reiseabenteuern. Wie bei Eulenspiegel und den Schildbürgern wurden auf den *Lügenbaron* andere, unabhängig überlieferte Abenteuer übertragen.

Jägerlatein und Seemannsgarn werden in den Geschichten von Münchhausen ad absurdum geführt. Die umfangreichste Sammlung von Münchhausiaden wurde von G. A. Bürger 1786 herausgegeben: *Wunderbare Reisen zu Wasser und zu Lande, Feldzüge und lustige Abenteuer des Freiherrn von Münchhausen.*

Die *Reise nach Rußland* gibt einen Geschmack von Münchhausens Abenteuern. Münchhausen ritt einmal im Winter durch Rußland. Es war Abend; Münchhausen suchte eine Herberge, aber weit und breit gab es kein Haus. Er sah nur Schnee. Münchhausen stieg ab und band sein Pferd an einen Pfahl, der aus dem Schnee herausschaute. Er wikkelte sich in eine Decke, und Roß und Reiter schliefen im Schnee. Am nächsten Morgen — Münchhausen hatte lange und gut geschlafen — weckte ihn die Sonne. Er blickte um sich und sah, daß er auf dem Marktplatz einer Stadt vor der Kirche lag. Er suchte sein Pferd und sah, daß es an der Spitze des Kirchturms hing. Das Pferd erkannte Münchhausen und wieherte. Münchhausen zog einen Revolver, durchschoß den Zügel, mit dem das Pferd angebunden war, und das Pferd sprang herunter. Münchhausen stieg auf und ritt fröhlich weiter. — Es hatte in der Nacht getaut, der Schnee war geschmolzen, Münchhausen war immer tiefer gesunken, aber sein Pferd blieb an dem Pfahl hängen, an den er es gebunden hatte. Es war die Spitze eines Kirchturms.

IV. Anmerkungen zum literarischen Humor

Von den Aphorismen Georg Christoph Lichtenbergs bis zu den kleinen Gedichten Eugen Roths, von den Schwänken des Nürnberger ,Schuhmachers und Poeten' Hans Sachs bis zu den Possen Johann Nestroys und Ludwig Thomas, von den Kalendergeschichten Johann Peter Hebels bis zu den Satiren Kurt Tucholskys, Erich Kästners und Heinrich Bölls reicht der Bogen des deutschen literarischen Humors.

Johann Peter Hebel lebte zur Zeit Goethes. Er schrieb kurze Erzählungen in einfacher Sprache zur Unterhaltung seiner bäuerlichen Leser. Sie wurden in Kalendern, zusammen mit praktischen Ratschlägen, zur Bildung des Leserkreises veröffentlicht. Man nennt sie *Kalendergeschichten*. Diese Erzählungen enthalten viel Lebensweisheit und oft eine Lehre und Ermahnung zu vernünftigem Leben. (Auch B. Brecht wandte sich, nicht ohne belehrende Absichten, mit *Kalendergeschichten* an einen breiten Leserkreis.) 1811 hat Hebel Erzählungen und Berichte aus seinen Kalendern im *Schatzkästlein des Rheinischen Hausfreunds* gesammelt. Das *Schatzkästlein* enthält die weitverbreiteten Kalendergeschichten „Kannitverstan" und „Unverhofftes Wiedersehen".

Wilhelm Busch (1832—1908) war Maler, Zeichner und Schriftsteller. Wegen seiner illustrierten Verserzählungen wie *Max und Moritz* führt man den heutigen *comic strip* auf ihn zurück. Busch stellt das Menschliche dar, wie es ist, nicht wie es sein soll. Im Protest gegen Philister und Spießbürger zeigt er das ungeschminkte Leben. Aber das Leben ist für ihn grotesk, widersinnig und grausam. In seinem Humor überwindet Busch die Bedrohung des Lebens. Humor ist bei Busch ein Lächeln unter Tränen, und — nach Jean Paul — überwundenes Leid an der Welt: *„Humor ist, wenn man trotzdem lacht!"*

> *Humor*
>
> Es sitzt ein Vogel auf dem Leim,
> Er flattert sehr und kann nicht heim.
> Ein schwarzer Kater schleicht herzu.
> Die Krallen scharf, die Augen gluh.
> Am Baum hinauf und immer höher
> Kommt er dem armen Vogel näher.
> Der Vogel denkt: Weil das so ist
> Und weil mich doch der Kater frißt,
> So will ich keine Zeit verlieren,
> Will noch ein wenig quinquillieren
> Und lustig pfeifen wie zuvor.
> Der Vogel, scheint mir, hat Humor.

Schwupdiwup! da wird nach oben
schon ein Huhn heraufgehoben.
Aus: Wilhelm Busch, *Max und Moritz* (vgl. Das große
Wilhelm Busch Hausbuch. Südwest Verlag München)

Christian Morgenstern (1871—1914) stellt die Welt auf den Kopf. Er durchbricht die Wirklichkeit, auch die Wirklichkeit der Sprache. Man könnte Nietzsches Wort von der ‚Umwertung der Werte' für Morgenstern umwandeln zu ‚Umwortung der Worte'.

Der Werwolf

Ein Werwolf eines Nachts entwich
von Weib und Kind und sich begab
an eines Dorfschullehrers Grab
und bat ihn: „Bitte, beuge mich!"

Der Dorfschulmeister stieg hinauf
auf seines Blechschilds Messingknauf
und sprach zum Wolf, der seine Pfoten
geduldig kreuzte vor dem Toten:

„Der Werwolf", sprach der gute Mann,
„des Weswolfs, Genetiv sodann,
dem Wemwolf, Dativ, wie man's nennt,
den Wenwolf, — damit hat's ein End."

Dem Werwolf schmeichelten die Fälle,
er rollte seine Augenbälle.
„Indessen", bat er, „füge doch
zur Einzahl auch die Mehrzahl noch!"

Der Dorfschulmeister aber mußte
gestehn, daß er von ihr nichts wußte.
Zwar Wölfe gäb's in großer Schar,
doch „Wer" gäb's nur im Singular.

Der Wolf erhob sich tränenblind —
er hatte ja doch Weib und Kind.
Doch da er kein Gelehrter eben,
so schied er dankend und ergeben.

Joachim Ringelnatz (1883—1934) war Seemann, Tabakhändler und Dichter von Versen, in denen Schein und Wirklichkeit konfrontiert werden.

Im Park

Ein ganz kleines Reh stand am ganz kleinen Baum
Still und verklärt wie im Traum.
Das war des Nachts elf Uhr zwei.
Und dann kam ich um vier
Morgens wieder vorbei,
Und da träumte noch immer das Tier.
Nun schlich ich mich leise — ich atmete kaum —
Gegen den Wind an den Baum,

Und gab dem Reh einen ganz kleinen Stips.
Und da war es aus Gips.

Karl Valentin (1882—1948) war ein Münchner „Volksschauspieler". Die Münchner haben ihm ein Denkmal gesetzt und ein Museum eingerichtet. Valentin nimmt, wie Eulenspiegel, die Sprache wörtlich. Sein Spiel mit der Sprache („Valentinspirale") zerstört Phrase und Klischee. Durch seine ‚surrealistische' Sprache eröffnet Valentin in seinen Komödien einen Blick auf das Fragwürdige und Absurde in der Wirklichkeit des Alltags.

Statt einer Zusammenfassung der Vielfalt und Eigenart des deutschen Humors zum Schluß dieser Skizze möge der Leser einige Verse von Joachim Ringelnatz annehmen:

Bumerang

War einmal ein Bumerang;
War ein Weniges zu lang.
Bumerang flog ein Stück,
Aber kam nicht mehr zurück.
Publikum — noch stundenlang —
Wartete auf Bumerang.

Weiterführende Schriften

Geschichte

GEBHARDT, B.: *Handbuch der Deutschen Geschichte.* Bd. 1: Frühzeit und Mittelalter. Bd. 2: Von der Reformation bis zum Ende des Absolutismus. Bd. 3: Von der Französischen Revolution bis zum 1. Weltkrieg. Bd. 4: Die Zeit der Weltkriege. Stuttgart: Union Verlagsgesellschaft, 1967—70.

HEIMPEL — HEUSS — REIFENBERG (Hrsg.): *Die großen Deutschen.* Bd. 1. Berlin: Ullstein, 1956 ff.

PLOETZ, K.: *Hauptdaten der Weltgeschichte.* Würzburg: Ploetz, 1969[30].

Wegweiser durch die Bundesrepublik

Die Bundesrepublik Deutschland. Einführung in ihren Aufbau und ihre Entwicklung. Zahlenbild-Sonderheft. Berlin: Erich Schmidt, 1971[6].

MÜLLER, K.: *Öffentliches Recht für Anfänger. Eine Einführung in das Staats- und Verwaltungsrecht.* Köln: Heymann, 1969.

SCHUNK, E.: *Allgemeines Staatsrecht und Staatsrecht des Bundes und der Länder.* Siegburg: Reckinger, 1970.

Staatsbürgerkundliche Arbeitsmappe. Zahlenbilder aus Politik, Wirtschaft und Kultur. Berlin: Erich Schmidt, 1972—73[8].
Enthält auch Fakten über die DDR. — Vgl. ferner *dtv-Lexikon,* Band 4, Seite 20 f.

Österreich

FELDL, P.: *Schläft Österreich?* Wien-Hamburg: Zsolnay, 1969.

KRAUS, K.: *Die letzten Tage der Menschheit.* Deutscher Taschenbuch Verlag — dtv sr 23 und 24.

ZÖLLNER, E.: *Geschichte Österreichs von den Anfängen bis zur Gegenwart.* München: Oldenbourg, 1970.

Die Schweiz

GUGGENBÜHL, A.: *Die Schweizer sind anders.* Zürich: Schweizer Spiegel Verlag, 1967.

GRUNER, E. (Hrsg.): *Die Schweiz seit 1945. Beiträge zur Zeitgeschichte.* Bern: Francke, 1971.

SALIS, J. R. VON: *Schwierige Schweiz.* Zürich: Orell Füssli, 1968.

Landschaften

Verwiesen wird besonders auf die *Landschaftsbücher* im Verlag Prestel, München und die *Merian* — Hefte im Verlag Hoffmann und Campe, Hamburg.

LÖBL, R.: *Österreich in Farben.* Innsbruck-München: Tyrolia, 1971.

WEISS, R.: *Häuser und Landschaften der Schweiz.* Erlenbach-Zürich und Stuttgart: Rentsch, 1959.

Die deutsche Sprache

KLUGE-MITZKA: *Etymologisches Wörterbuch der deutschen Sprache*. Berlin: de Gruyter, 1967[20].

SIEBS, Th.: *Deutsche Aussprache. Reine und gemäßigte Aussprache mit Aussprachewörterbuch*. Berlin: de Gruyter, 1969[19].

TSCHIRCH, F.: *Geschichte der deutschen Sprache*. Bd. 1: Die Entfaltung der deutschen Sprachgestalt in der Frühzeit. Bd. 2: Entwicklung und Wandlungen der deutschen Sprachgestalt vom Hochmittelalter bis zur Gegenwart. Berlin: Erich Schmidt, 1969—71.

Erziehung

Der Bundesminister für Bildung und Wissenschaft: *Bildungsbericht der Bundesregierung 1970*. Bundestagsveröffentlichung VI/925.

SCHELSKY, H.: *Einsamkeit und Freiheit*. Rowohlts Deutsche Enzyklopädie, rde Taschenbuch 171/172.

SKROWONNEK, E.: *Kinder von 3 bis 10 Jahren. Junge Leute von 10 bis 19 Jahren. Junge Leute ab 19 Jahren*. Bonn: Pressereferat des Bundesministers für Bildung und Wissenschaft, o. J.

Der Bundesminister für Bildung und Wissenschaft, Pressereferat: *Weiterbildung*. Bonn o. J.

Musik

KOMMA, K. M.: *Musikgeschichte in Bildern*. Stuttgart: Kröner, 1961.

RENNER, H.: *Kammermusikführer*. Stuttgart: Reclam, 1966[6].

RIEMANN MUSIKLEXIKON — I. *Personenteil*. 2 Bde. II. *Sachteil*. 1 Bd. Mainz: Schott, 1971 ff.

ROSTAND, C.: *La musique allemande*. Paris: Presses universitaires de France, 1967[2].

ZENTNER, W. (Hrsg.): *Opernführer*. Stuttgart: Reclam, 1969.

Volkslied

Deutsche Volkslieder. Reclams Universal-Bibliothek 8665—68.

SCHMIDT, L.: *Volksgesang und Volkslied. Problem und Probleme*. Berlin: Erich Schmidt, 1970.

Kunst

LÜTZELER, H.: *Bildwörterbuch der Kunst*. Berlin: Dümmler, 1962[2].

MÜSELER, W.: *Deutsche Kunst im Wandel der Zeit*. Berlin: Safari Verlag, 1970.

RUHMER, E.: *Stilkunde der darstellenden Kunst bis zur Gegenwart*. Berlin: Rembrandt Verlag, 1958[2].

SCHRADE, H.: *Einführung in die Kunstgeschichte*. Urban-Bücherei 99.

WILCKENS, L. VON: *Grundriß der abendländischen Kunstgeschichte*. Kröners Taschenbuchausgabe 375.

WÖLFFLIN, H.: *Das Erklären von Kunstwerken*. Reclams Universal-Bibliothek 8490.

Literatur

FRENZEL, H. A. und E.: *Daten deutscher Dichtung. Chronologischer Abriß der deutschen Literaturgeschichte.* Bd. 1: Von den Anfängen bis zur Romantik. Bd. 2: Vom Biedermeier bis zur Gegenwart. Deutscher Taschenbuch Verlag dtv 28 und 54.

STAMMLER, W. (Hrsg.): *Deutsche Philologie im Aufriß.* 3 Bde. Berlin: Erich Schmidt, 1966—67².

WEBER, D. (Hrsg.): *Deutsche Literatur seit 1945.* Kröners Taschenausgabe 382.

Theater

KINDERMANN, H.: *Theatergeschichte Europas.* 9 Bde. Salzburg: Otto Müller, 1957—70.

KNUDSEN, H.: *Deutsche Theatergeschichte.* Kröners Taschenausgabe 270.

MANN, O.: *Geschichte des deutschen Dramas.* Kröners Taschenausgabe 296.

MICHAEL, F.: *Geschichte des deutschen Theaters.* Reclams Universal-Bibliothek 8344—47.

Folklore

BACH, A.: *Deutsche Volkskunde.* Heidelberg: Quelle & Mayer, 1960³.

FRAZER, J. G.: *The Golden Bough. A Study in Magic and Religion.* London: Macmillan, 1960.

LUTZ, G. (Hrsg.): *Volkskunde. Ein Handbuch zur Geschichte ihrer Probleme.* Berlin: Erich Schmidt, 1958.

OSWALD-BEITL: *Wörterbuch der deutschen Volkskunde.* Kröners Taschenbuchausgabe 127.

Trachten

Deutschland:

RATTELMÜLLER, P. E.: *Dirndl, Janker, Lederhosen. Künstler entdecken oberbayerische Trachten.* München: Gräfe und Unzer, 1970.

RETZLAFF, E.: *Deutsche Trachten.* Königstein: Langewiesche, 1958 (Die blauen Bücher).

Österreich:

FOCHLER, R.: *Trachten aus Österreich.* Wels-München: Welsermühl, 1965.

Schweiz:

WITZIG-EBERLE: *Schweizer Trachten.* Bern: Hallwag — Orbis pictus 28.

Humor

SCHÖFFLER, H.: *Kleine Geographie des deutschen Witzes.* Mit einem Nachwort hrsg. v. H. Plessner. Göttingen: Vandenhoeck & Ruprecht, 1958.

SCHOLZ, W. VON: *Das Buch des Lachens.* Goldmann Taschenbuch 358.

VANDREY, M.: *Der politische Witz im Dritten Reich.* Goldmann Taschenbuch 1805.

Register

168

64802 *a*